PSICANÁLISE E QUANTUM

A ligação entre a psicanálise

e a física quântica

Antonio Farjani

ISBN-13: 978-1494399610
Diagramação e revisão feitas pelo autor
Edição revisada em 2023
124 páginas

Contato com o autor: astroteologia@gmail.com

Facebook: Antonio Farjani - autor

Sumário

Mais cedo ou mais tarde, a Física nuclear e a Psicologia do inconsciente se aproximarão cada vez mais, já que ambas, independentemente uma da outra e a partir de direções opostas, avançam para território transcendente.

Carl Gustav Jung

INTRODUÇÃO

Mais de uma vez, ao expor a meus amigos as ideias que viriam a compor este livro, fui posto em cheque com a seguinte interrogação: "Mas afinal, ao estabelecer um paralelo entre a Física Quântica e a Psicanálise, você está pretendendo fazer uma metáfora ou você realmente pressupõe que estas duas disciplinas estejam interligadas?" Sinceramente, eu gostaria de ter tido forças para mentir, tanto para eles quanto aqui para os leitores desta obra, e assumir a posição mais cômoda optando pela primeira alternativa. Mas não! Num assomo que nem sei definir se de coragem ou temeridade, prefiro ser coerente comigo mesmo e com todas as ideias que defendi em meus trabalhos anteriores.

Sim, eu acredito não só que todas as ciências, mas todas as dimensões da realidade neste universo conhecido ou desconhecido se encontram total e mutuamente interligadas. Assim acreditavam nossos ancestrais, até que chegasse René Descartes e separasse corpo e mente, espírito e matéria, dizendo algo como:

"Não há nada no conceito de corpo que pertença à mente, e nada na ideia de mente que pertença ao corpo".

Ainda prefiro Hermes Trismegisto: *"Aquilo que está em cima é semelhante àquilo que está embaixo".* Quanto à interligação entre todas as coisas, lembro Bacon: *"Não se pode tocar uma flor sem perturbar uma estrela"*, James Gleik: *"O bater das asas de uma borboleta em Pequim pode gerar sistemas de tempestades em Nova York"*, ou John Gribbin: *"Se tudo o que esteve em interação na altura do Big Bang se mantém ainda em interação, então todas as partículas de cada estrela e galáxia 'sabem' de todas as outras partículas do Universo".* Se assumir esta posição nos causa problemas, azar nosso e de quem não tenha nascido quatrocentos anos antes ou algumas décadas depois deste período em que vivemos.

Para nosso alívio, hoje em dia está cada vez menos necessário apelar para o misticismo ou a religião para se crer neste princípio. Temos desde a Física Quântica até a Teoria do Caos testemunhando em nosso favor, mesmo que tenhamos de enfrentar uma comissão inquisitorial num exame de pós-graduação. Mas em nenhum momento - e isso me parece o melhor a fazer - me esforçarei para provar qualquer coisa nesse sentido, pois afinal de contas predominam ao nosso redor duas classes de pessoas: aquelas que já sabem dessa ligação entre todas as coisas do universo, e aquelas que não acreditam nesse fato. Às primeiras, seria desnecessário prová-lo; às, outras, seria absolutamente inútil.

Desde o início de nosso século, a Física Quântica nos tem trazido uma visão de mundo absolutamente desconcertante, ou mesmo assustadora, até para os seus próprios criadores. No campo da tecnologia, ela se incorporou ao nosso cotidiano através de uma infinidade de máquinas, desde os raios X aos aparelhos de televisão, as centrais nucleares, o raio laser, o rádio transistorizado, o *walkman*, os relógios digitais, as calculadoras de bolso, os microcomputadores e as lavadoras de roupa programáveis. Porém, do ponto de vista filosófico, continuamos marcando passo no século dezenove, e isso se deve a uma razão muito simples: as consequências dessas descobertas no plano das ideias teriam o impacto de uma bomba nuclear, obrigando-nos a rever nossas crenças em todos os campos do conhecimento, da economia à política, da medicina à engenharia, da Química à Psicologia, da tecnologia à religião.

Nosso objetivo aqui será bem mais modesto, o de aplicar as descobertas efetuadas pela Física moderna no campo da Psicologia e da Psicanálise, o que poderá dar uma contribuição tanto à teoria quanto à prática destas disciplinas, ou até mesmo para a nossa visão de mundo. Se este trabalho acrescentar alguma coisa às pessoas ligadas à Psicologia e à Psicanálise, me sentirei suficientemente compensado por tê-lo produzido.

Antes de entrar no assunto propriamente dito, visto que meu forte decididamente não são os prefácios, quero agradecer àqueles que gentil e pacientemente emprestaram seus ouvidos como receptáculos para tantos voos filosóficos efetuados por este seu amigo afoito e destemperado, eu dedico as linhas que se seguem, com a mais sincera gratidão.

Antonio Farjani

CAPÍTULO I

A DESCOBERTA DE UMA NOVA REALIDADE

Quem não se sentiu chocado com a
Teoria Quântica não pode tê-la compreendido.

Niels Bohr

A nova Física.

Não a aprecio, e lamento ter estado ligado a ela.
Erwin Schrödinger

Em 1905, Albert Einstein lançou as bases de um pensamento que viria a revolucionar toda a ciência moderna, com a publicação de dois trabalhos monumentais: a teoria especial da relatividade, que proporcionou uma estrutura comum para a mecânica e a eletrodinâmica - duas teorias separadas na Física clássica - e a teoria dos fenômenos atômicos, que se constituiu na pedra fundamental da Teoria Quântica. Dez anos após, Einstein concebeu a teoria geral da relatividade, uma ampliação da teoria especial que inclui também a gravidade. A elaboração completa da Teoria Quântica, por sua vez, nas três primeiras décadas deste século, deve-se a um grupo internacional de físicos, entre eles Niels Bohr, Louis De Broglie, Paul Dirac, Werner Heisenberg, Wolfgang Pauli, Max Planck e Erwin Schrödinger, além, é claro, do próprio Albert Einstein.

Essas descobertas provocaram enormes mudanças nos conceitos professados pela ciência até então, inclusive nas noções de espaço e de tempo, tidos como entidades absolutas pela Física newtoniana. A teoria da relatividade de Einstein derrubou as ideias clássicas de um espaço absoluto como palco dos fenômenos físicos e de um tempo absoluto como dimensão separada do espaço. A partir de então, espaço e tempo passaram a ser vistos como conceitos relativos, reduzidos ao papel subjetivo de elementos da linguagem que um determinado observador usa para descrever fenômenos naturais. Em fenômenos que envolvam velocidades próximas à da luz, o tempo se funde às três dimensões espaciais, tornando-se uma quarta coordenada a ser determinada em relação ao observador. Desse modo, obtém-se o *continuum* quadridimensional chamado "espaço-tempo", fundamental para a construção da Física relativística.

Paralelamente às novas teorias, maiores possibilidades tecnológicas permitiram uma profunda investigação no comportamento dos átomos. Os físicos foram descobrindo fenômenos tais como o raio X e a radioatividade, que seriam inexplicáveis para os padrões da Física clássica. Essa exploração do mundo atômico e subatômico, no entanto, teve consequências muito além do que se poderia imaginar a princípio. O contato com o universo infinitamente pequeno trouxe aos atônitos cientistas uma estranha e inesperada realidade, que fez desmoronar não apenas suas concepções científicas, mas sua própria visão de mundo.

A ciência do século XX, portanto, trazia problemas antes insuspeitados, onde a natureza rebelava-se contra os dogmas instituídos, distanciando-se inapelavelmente do modelo clássico de universo preconizado pela Física newtoniana. Todas as vezes em que se investigava o mundo subatômico através de um experimento, obtinha-se como resposta um paradoxo, e, quando se tentava forçar uma resposta objetiva para esclarecer a situação, mais os paradoxos se confirmavam, e mais dramáticos se tornavam. Para a lógica vigente, era o caos: a verdade desvencilhava-se das amarras do pensamento cartesiano, lançando os pesquisadores em um mundo absolutamente novo. A questão ultrapassava de longe o domínio intelectual, envolvendo uma intensa experiência emocional e existencial, que chegava a ser angustiante ou mesmo aterradora. Apesar de munidos de altos recursos tecnológicos, os cientistas sentiam-se impotentes para absorver a totalidade das implicações filosóficas de suas próprias descobertas. Um exemplo do assombro que deles se apoderava é a declaração de Werner Heisenberg: "Recordo as discussões com Bohr que se estendiam por horas a fio, até altas horas da noite, e terminavam quase em desespero; e, quando no fim da discussão, eu saía sozinho para um passeio no parque vizinho, repetia para mim, uma e outra vez, a pergunta: Será a natureza tão absurda quanto parece nesses experimentos atômicos?"

Erwin Schrödinger, outro expoente da Física moderna, resmungou a respeito da Teoria Quântica: "Não a aprecio, e lamento ter estado ligado a ela". Albert Einstein, por sua vez, além de não compreender a nova teoria, recusou-se a aceitar todas as suas consequências, preferindo supor que as equações da mecânica quântica permitiriam simplesmente descrever o comportamento das partículas subatômicas, negando suas implicações ao nível da experiência cotidiana. Certa vez, desolado, exclamou: "Todas as minhas tentativas para adaptar os fundamentos teóricos da Física a esse (novo) conhecimento fracassaram completamente. Era como se o chão tivesse sido retirado de baixo de meus pés, e não houvesse em qualquer outro lugar uma base sólida sobre a qual pudesse construir algo". Mais do que isso, em 1935 Einstein chegou a tentar, com a ajuda de seus colaboradores Rosen e Podolsky, refutar a Teoria Quântica, apoiando-se na ideia de que ela contradiz o senso comum. O grande gênio conseguiu esquecer, por um momento, de que sua própria teoria da relatividade contradizia igualmente, e não com menos impacto, o senso comum. Sem dúvida, tratava-se de descobertas absolutamente desconcertantes, mesmo para as mentes privilegiadas que as efetuaram.

Os cientistas somente puderam seguir adiante nesse aparente beco sem saída quando se convenceram da necessidade de reformular sua linguagem e toda sua forma de pensar para descrever os fenômenos atômicos. Depois de consumir muito do seu tempo e energia, viram-se obrigados a aceitar o fato de que os paradoxos com que deparavam constituíam um aspecto essencial da Física atômica, surgindo sempre que se tente descrever fenômenos atômicos dentro dos parâmetros clássicos. A investigação experimental atômica, no início do século, trouxe resultados espantosos tanto quanto imprevistos. A ideia de partículas duras, sólidas, tais como eram considerados os átomos desde a antiga Grécia até então, ruiu diante da constatação de que os átomos consistem em vastas regiões de espaço onde partículas ainda menores - os elétrons - se movimentam ao redor de um núcleo. A noção do átomo como uma microscópica amostra do sistema solar, porém, haveria de perder a sustentação logo em seguida. Alguns anos depois, a Teoria Quântica demonstrou que mesmo as partículas subatômicas - os elétrons, prótons e nêutrons - em nada se assemelhavam aos objetos sólidos tão caros à Física clássica. Por outro lado, não deixava de ser surpreendente deparar com mais espaço vazio onde a princípio se esperava encontrar corpos sólidos: a matéria, tida pela ciência como algo tão concreto, afigurava-se como um inesperado, absurdo e desconcertante Nada.

Uma das descobertas mais palpitantes, se é que se pode destacar alguma, constitui-se na da natureza dual da matéria. As unidades subatômicas surgem como entidades francamente abstratas: dependendo do modo como as observamos, mostram-se ora como partículas, ora como ondas. O mesmo se dá com a luz, que pode adotar a característica de um conjunto de partículas ou de ondas eletromagnéticas. Einstein chamou *quanta* a essas partículas de luz, de onde veio o nome "Teoria Quântica": mais tarde, vieram a ser conhecidas como *fótons*.

Portanto, as partículas subatômicas, assim como a luz, não têm uma natureza definida. Elas podem assumir ora a condição de corpúsculos, ora a de simples ondas, e não se trata de uma alternância entre esses estados. Elas *são* efetiva e simultaneamente as duas coisas, e o fato destas se apresentarem ora como uma, ora como outra coisa depende unicamente da forma com que as observamos! Bohr apontou ser impossível um sistema existir independentemente de um observador: com isso, estava sepultada a concepção clássica de um mundo feito na forma de uma engrenagem em funcionamento, existente quer se olhe para ela, quer não. Um elétron não é uma partícula nem uma onda, e pode se apresentar ora de uma ora de outra maneira conforme a situação exigir: para agir como partícula, ele sacrifica sua natureza ondulatória, enquanto que ao agir como onda abre mão de suas características corpusculares, sofrendo assim transformações constantes de partícula para onda e de onda para partícula. Isto equivale a dizer que no mundo subatômico nenhum objeto possui propriedades intrínsecas, independentes das condições que o cercam: as propriedades que apresenta - de partícula ou onda - dependem da situação experimental, ou seja, do aparelho com o qual ele é forçado a interagir.

Esse aspecto dual da matéria associado ao papel fundamental que a probabilidade assumiu na nova Física acabou com a noção clássica de objetos sólidos, que resistia desde a antiga Grécia. No mundo subatômico, aquilo que se pressupunha como sólido dissolve-se em padrões ondulatórios de probabilidades que sequer representam probabilidades de coisas, mas probabilidades de interconexões. As partículas subatômicas perderam o caráter de entidades isoladas, passando a ser vistas como interconexões, ou correlações, entre os diversos processos de observação e medição a que são submetidas, o que levou Niels Bohr a concluir: "as partículas materiais isoladas são abstrações, e suas propriedades são definíveis e observáveis somente através de sua interação com outros sistemas.

Werner Heisenberg expressou a característica dual da matéria em termos matemáticos precisos, numa fórmula batizada como *princípio da incerteza*[1]. Os conceitos clássicos, tais como os de partícula e onda, ou posição e velocidade, no mundo subatômico estabelecem-se como pares de conceitos inter-relacionados, e que não podem ser definidos simultaneamente de um modo preciso. A definição de cada aspecto desses pares redundará, como num efeito-gangorra, na indefinição do aspecto que o complementa. Por exemplo, ao se determinar com exatidão a posição de um elétron, sua velocidade se tornará imprecisa e vice-versa: a relação entre os dois será dada pelo princípio da incerteza. É fundamental assinalar que essa imprecisão ou "incerteza" não se deve a qualquer deficiência de método ou do aparato usado na experiência científica, *mas sim à própria natureza da matéria e da realidade.*

Partindo da equação fundamental da Física Quântica **pq - qp = h/i** (onde **p** representa a posição, **q** a quantidade de movimento, **h** a constante de Planck e **i** é a raiz quadrada de -1), Heisenberg deduziu que "o produto das incertezas na posição (*dp*) e na quantidade de movimento (*dq*) ultrapassa sempre o valor de *h*. Esta regra aplica-se a qualquer par de variáveis ditas conjugadas, cujo produto tem as dimensões de uma ação (como *h*). Essas dimensões são as de um produto *energia x tempo*, e, para além do par *posição/quantidade de movimento*, o outro par importante é *energia (E) / tempo (t)*".

Segundo Heisenberg, as leis formuladas pela Física clássica também valem para o microcosmo, embora seu significado clássico se altere diante das relações de incerteza. Quanto mais conhecemos a posição de uma partícula, menos conheceremos a sua quantidade de movimento, e vice-versa. Isso significa que, segundo a equação fundamental da Física Quântica, independentemente do método de observação empregado, não existe, por princípio, o elétron com posição e velocidade simultaneamente definidas. Capra explica:

"Para melhor entendimento dessa relação entre pares de conceitos clássicos, Niels Bohr introduziu a noção de complementariedade. Segundo ele, a imagem da partícula e a imagem da onda são duas descrições complementares da mesma realidade, cada uma delas só parcialmente correta e com uma gama limitada de aplicação. Ambas as imagens são necessárias para uma descrição total da realidade atômica e ambas são aplicadas dentro das limitações fixadas pelo princípio da incerteza. A noção de complementariedade tornou-se parte essencial do modo como os físicos pensam a natureza, e Bohr sugeriu várias vezes que também pode ser um conceito útil fora do campo da Física.

A resolução do paradoxo partícula/onda forçou os físicos a aceitar um aspecto da realidade que contestava o próprio fundamento da visão mecanicista do mundo - o conceito de realidade da matéria. Em nível subatômico, a matéria não existe com certeza em lugares definidos; em vez disso, mostra 'tendências a existir', e os eventos atômicos não ocorrem com certeza em tempos definidos e de maneiras definidas, mas antes demonstram "tendências a ocorrer".[2]

Ao contrário do que possa parecer a princípio, a incerteza deriva da própria natureza dos corpos quânticos, e não de alguma limitação experimental. Um elétron não pode ter ao mesmo tempo posição e velocidade bem definidas. A mecânica quântica envolve pares de grandezas, tais como o par posição/quantidade de movimento, aos quais é, por princípio, impossível atribuir em simultâneo valores precisos. O mundo quântico desconhece aquilo que aprendemos a chamar de verdade absoluta. Para compreender essa ideia, resulta mais fácil imaginar que um elétron tem duas faces coexistentes, que podemos denominar "o elétron-em-posição" e "o elétron-em-velocidade". Ao se estabelecer sua localização, se estará observando o "elétron-em-posição", o que implica em renunciar a conhecer sua velocidade. A recíproca é verdadeira quando buscamos o "elétron-em-velocidade", quando abriremos mão de saber sua localização. No primeiro caso, configura-se o elétron como uma partícula, já que a imagem que temos é a de um corpo localizado no espaço com alguma exatidão. Quando a medida mais precisa é a da velocidade, fica o corpo desprovido de uma posição definida, assumindo então as características de uma onda.

Essa estranha característica das partículas pode ser comprovada empiricamente, através do experimento que se segue. Projeta-se um raio luminoso em uma tela com duas fendas estreitas, de modo a obterem-se duas imagens difusas em uma segunda tela, colocada depois da primeira. Elas se sobreporão parcialmente, originando diversas faixas intercaladas de luz e sombra, chamadas franjas de interferência. Obtém-se efeito idêntico se, em lugar de luz, se usar um feixe de elétrons. O desenho resultante lembra o das ondas produzidas num lago em que se jogassem simultaneamente dois objetos, quando elas se interpenetrassem. A interferência entre os elétrons somente poderá ser explicada se renunciarmos à condição tradicionalmente a eles atribuída de corpos sólidos. A interferência é uma combinação daquilo que acontece nas duas fendas ao mesmo tempo, o que só acontecerá se os elétrons forem ondas.

A experiência pode ser feita com uma única partícula, com efeito idêntico. Mesmo ficando a partícula obrigada a optar por uma única fenda, a simples existência da outra fenda, por si só, pode criar as franjas claras e escuras, porque a partícula está se comportando como uma onda, o que equivale a dizer que o elétron "interfere consigo mesmo". O mais estranho consiste no fato de que um único elétron ou fóton, ao dirigir-se para um dos dois orifícios do anteparo, parece "saber" se o outro está aberto ou fechado, comportando-se de acordo com isso. De acordo com o princípio da incerteza, é impossível fazer uma medida precisa da posição do elétron e decidir em qual das duas fendas ele está, sem se perder a precisão quanto ao rumo que ele tomará em seguida. Assim, não faz sentido dizer por qual fenda o elétron teria passado, nem dizer que ele teria passado pelas duas fendas simultaneamente: o que de fato ocorre na passagem do elétron pela placa se encontra além de nossa capacidade de descrever a realidade.

A relatada experiência dá margem a fantásticas especulações: se o comportamento do elétron depende da observação, o que aconteceria se o feixe de elétrons dirigido para as fendas alcançasse a segunda tela, e ninguém observasse o resultado? A tela poderia ser fotografada, e a foto arquivada sem ser vista por ninguém. Desse modo, embora algo houvesse acontecido, não poderia existir como realidade concreta até que fosse efetivamente observado, ou seja, quando alguém finalmente se decidisse a lançar para o filme o seu olhar criador.

O delírio especulativo acima descrito foi criado por Erwin Schrödinger, que imaginou um experimento apelidado "o paradoxo do gato", que tem rendido muitas discussões filosóficas no meio científico. Um gato é aprisionado numa caixa contendo uma substância radioativa, um detector de radiação, e uma ampola de gás venenoso, sobre a qual pende um martelo. Se a substância radioativa reagir, o martelo será acionado pelo mecanismo a ele acoplado, quebrando o recipiente com o gás, o que matará o animal. Estabelece-se uma duração para a experiência, dispondo-se as condições de modo que haja uma chance de 50% de que a substância emita radiação e solte o martelo. Assim, ao cabo de um minuto, coexistem dois mundos possíveis. Num deles, o gatilho foi acionado e o gato está morto; no outro, não houve emissão de radiação e o gato está vivo. Nenhuma das duas possibilidades poderá ser considerada efetivamente real enquanto alguém não abrir a caixa, tirando o gato de uma insólita condição, a de não estar vivo nem morto, nem tampouco as duas coisas, até que um observador se disponha a concretizar seu estado através do próprio ato da observação.

Após esta espécie de resumo ou "voo panorâmico" sobre as estranhas características do mundo subatômico, levantadas nas últimas décadas pela nova Física, resta-nos estabelecer as metas de nosso trabalho. Levando a sério a proposta de Niels Bohr, que sugeriu que suas descobertas poderiam se aplicar também fora do âmbito da Física, procuraremos aproveitar as revelações da Física Quântica no campo da Psicologia, e mais especificamente no da Psicanálise. Fritjof Capra já faz essa ponte em seu livro O Ponto de Mutação, deixando a discussão mais ao nível acadêmico. Aqui, procuraremos fixar-nos mais na questão da prática psicanalítica de modo que se possam apresentar propostas que venham efetivamente a influenciar nosso trabalho, mais particularmente na questão da psicopatologia, da compreensão da transferência e da contratransferência, e por último no papel da interpretação clínica. Apesar de difícil, esta não é uma meta impossível de se alcançar. Todavia, para a consecução desta delicada tarefa, faz-se necessário acrescentar mais alguns dados que trataremos de apresentar nos itens que se seguem.

O experimento EPR.

Deus não joga dados.

Albert Einstein

Não diga a Deus o que fazer.

Niels Bohr, respondendo a Einstein

Apesar de constituir-se num dos responsáveis pelo surgimento da nova Física, Einstein recusava-se a aceitar todas as suas consequências, preferindo acreditar que estas ficariam restritas ao universo subatômico. Essa obstinação em manter-se contra as evidências levou-o, na década de 20, a travar um debate com Niels Bohr, ao final do qual foi obrigado a reconhecer que a interpretação da Teoria Quântica feita por este último, juntamente com Werner Heisenberg, formava um sistema perfeitamente coerente de pensamento. Guardou para si, contudo, a firme convicção de que uma interpretação determinista viria a ser encontrada mais cedo ou mais tarde, de maneira a eliminar toda a dubiedade da nova ciência.

Na tentativa de combater a posição de Bohr, Einstein imaginou um experimento que se tornou conhecido como o experimento Einstein-Podolsky-Rosen (EPR), e acabou resultando num verdadeiro tiro pela culatra. O experimento a princípio imaginado envolvia a medição do par *posição/quantidade de movimento* em duas partículas emitidas conjuntamente em direções opostas. Mais tarde, porém, com o aperfeiçoamento da experiência, a medição visaria o *spin* (giro em torno de seu próprio eixo) das partículas em questão. Assim, reportaremos o experimento de forma simplificada, tal como pôde ser realizado em 1982, por Alain Aspect, na Universidade de Paris-Sud, no sul da França.

Dois fótons, oriundos da mesma fonte de luz, são observados por dois detectores, que deverão medir sua polarização. Como os fótons são emitidos conjuntamente, as suas polarizações estão relacionadas porque são sempre complementares, mas a relação de polaridade existente entre elas somente será determinada após sua medição. Isto equivale a dizer que as partículas não possuem uma polaridade "real", em si mesma, dependendo de um observador para que adquiram essa característica. Aqui aparece a contestação de Einstein: enquanto a

Teoria Quântica advoga que a polarização não existe senão quando é medida, ele defendia a chamada *hipótese das variáveis ocultas*, afirmando que cada fóton teria uma polarização "real", bem definida, desde o momento em que é criado. Entenda-se aqui como "variável oculta" qualquer conexão causal que ligaria os fenômenos ocorridos com as duas partículas, conexão essa chamada "oculta" porque ainda não determinada por nenhum sistema de medição disponível na época. A suposta indefinição das partículas quanto à natureza de seu giro dever-se-ia portanto, segundo as esperanças de Einstein, a uma deficiência no processo de observação e não à natureza intrínseca das mesmas.

O resultado da experiência, porém, trouxe os resultados esperados pela Teoria Quântica, inviabilizando a hipótese das variáveis ocultas. E, para piorar as coisas, constatou-se algo ainda mais surpreendente: a medida da polarização de um dos fótons tinha um efeito instantâneo sobre o outro, que assumia polarização oposta, como se ambos estivessem ligados por um fio invisível. Havia algum tipo de interação entre os dois, embora ambos se movessem em direções contrárias à velocidade da luz, e a Teoria da Relatividade do próprio Einstein tenha demonstrado que nenhum sinal pode viajar mais depressa do que a luz. Se nenhum sinal pode viajar mais rápido que a luz, a primeira partícula não poderia de modo algum comunicar-se com a segunda e assim "avisá-la" sobre sua opção. Ficavam então as interrogações: como pôde a segunda partícula saber da polarização conferida à primeira pela prática da medição, e como pôde a sua polarização ficar simultaneamente complementária à outra, sendo que elas se encontravam mutuamente inalcançáveis por qualquer meio imaginável? Decididamente, a resposta transcenderia quaisquer conceitos da Física clássica ou mesmo do senso comum.

Três décadas após o início do debate entre Einstein e Bohr, John Bell formulou um teorema, baseado no experimento EPR, demonstrando que a existência de variáveis locais ocultas é incompatível com as predições estatísticas da mecânica quântica, jogando uma pá de cal nas pretensões do primeiro. Estava definitivamente sepultada a concepção linear de causa e efeito, tal como nos ensina a lógica cartesiana.

As descobertas trazidas pela nova Física acabaram resgatando uma teoria até então renegada pelo *status quo* científico, hoje em contrapartida considerada como fundamental por disciplinas como a informática ou a bioquímica. Trata-se das *Reações Zhabotinsky*, conhecidas como "relógios químicos". Tais reações, que levam nome de seu descobridor, demonstraram que, com um aporte de energia, concentrações aleatórias de múltiplas substâncias químicas têm a capacidade de se auto-organizar num sistema mais coerente e ordenado. Esse fenômeno mostra, em outras palavras, como dentro do caos subjaz uma ordem, o que poderia explicar a própria origem da vida.

Essas ideias foram retomadas por Ilya Prigogine, ganhador do prêmio Nobel de Química em 1977, através de sua teoria das *Estruturas Dissipativas*, formas que absorvem e geram energia para se organizar, como no caso dos seres vivos. Ao explicar a criação da ordem a partir da confusão, o cientista introduziu o conceito de Caos, que tem provocado uma verdadeira revolução no mundo científico.

O mais palpitante dessas descobertas consiste em que, para se produzir uma Reação Zhabotinsky, faz-se necessário que cada molécula "saiba" o que todas as outras farão ao mesmo tempo, e a distâncias macroscópicas. Prigogine escreveu: "Existe a possibilidade de comunicação química entre moléculas a grande distância e durante longos períodos de tempo. Através de experimentos em estruturas dissipativas, vemos que a matéria está muito mais integrada do que supúnhamos. O abismo entre a vida e a não-vida é muito menor do que pensávamos (...) Seguimos para uma convergência do mundo externo com o de nosso interior, ultrapassando a hipótese newtoniana que dividia o Universo entre o espiritual e o mundo físico e externo".

Embora para alguns estes fenômenos possam parecer demasiado distantes de nosso cotidiano, eles não ficam meramente restritos ao mundo subatômico. Como exemplo, temos o Departamento de Transportes norte-americano, que utilizou estes conceitos para predizer padrões de tráfego rodoviário, assim como diversas empresas para analisar fenômenos econômicos tais como as oscilações das Bolsas de Valores.

O que se chamou de "variável local oculta" pode ser explicado de forma simples. Se uma vidraça se rompe com uma pedrada, podemos dizer que o fenômeno observado - a quebra da vidraça - foi causado pela pedra que com ela colidiu: esta é a variável, nada oculta aliás, que determinou a destruição do vidro. Por outro lado, imaginemos um acontecimento mais complexo: alguém, comodamente instalado em sua sala, percebe que um porta-retratos contendo a foto de um parente cai no chão, espatifando-se. Imediatamente, o sujeito sente um calafrio acompanhado de uma espécie de mau pressentimento. Algum tempo depois, recebe a comunicação do falecimento daquela pessoa, ocorrido no mesmo instante da intrigante experiência. Nesse caso, explicar a conexão estabelecida entre a foto e a pessoa nela representada foge completamente à lógica usual. Poderíamos perguntar: a morte da pessoa teria causado a quebra da fotografia, ou, como na magia vodu, a quebra da mesma teria ocasionado sua morte a milhas de distância? Aqui inexiste qualquer variável local, ou seja, qualquer causa concreta que interligue os dois fenômenos. O que Einstein pretendia provar equivaleria a dizer que, uma vez munido do equipamento apropriado, dever-se-ia encontrar alguma variável objetiva que determinasse a causa dos mesmos. Todavia, miseravelmente, tanto a teoria quanto a prática mostram o contrário: os dois fenômenos podem estar ligados, sim, mas não por uma conexão causal tal como fomos acostumados a pensar.

Traz-nos ainda mais a Física Quântica: o comportamento de qualquer parte é determinado por suas conexões não-locais (isto é, sem uma inter-relação objetiva) com o todo. Enquanto, na concepção clássica, as propriedades e o comportamento das partes determinam as propriedades e o comportamento do todo, na mecânica quântica é o todo que determina o comportamento das partes. Essas descobertas trouxeram uma revolucionária concepção do universo, manifestada com clareza por John Wheeler:

"Nada é mais importante acerca do princípio quântico do que isso, ou seja, que ele destrói o conceito de mundo como 'algo que existe lá fora', com o observador em segurança e separado dele por uma chapa de vidro de 20 cm de espessura. Até mesmo para observar um objeto tão minúsculo como um elétron, ele precisa despedaçar o vidro. Precisa poder atingi-lo. Precisa, então, instalar seu equipamento de medida. Cabe a ele decidir se deve medir a posição ou o *momentum*. A instalação do equipamento para medir um deles exclui a instalação do equipamento para medir o outro. Além disso, a medição altera o estado do elétron. Depois disso, o universo jamais será o mesmo. Para descrever o que aconteceu, temos de cancelar a velha palavra 'observador', substituindo-a por 'participante'. Num estranho sentido, o universo é um universo participante" [3].

Bernard D'Espagnat, por sua vez, escreve: "A doutrina de que o mundo é formado por objetos cuja existência é independente da consciência humana mostra-se em conflito com a mecânica quântica e com fatos estabelecidos por experimentos [4]. Niehls Bohr afirma que "partículas materiais isoladas são abstrações, sendo que suas propriedades só podem ser definidas e observadas através de sua interação com outros sistemas". John Gribbin diz exatamente o mesmo em outras palavras: "As dúvidas de hoje são as mesmas de há trezentos anos, mas a morte do lugar real (espaço absoluto) talvez permita chegar a respostas. Se tudo o que esteve em interação na altura do Big Bang se mantém ainda em interação, então todas as partículas de cada estrela e galáxia 'sabem' de todas as outras partículas do Universo [5]. A inércia não é um problema do foro da cosmologia e da relatividade: é um problema eminentemente quântico" [6].

As consequências das novas descobertas.

Será a natureza tão absurda quanto
parece nesses experimentos atômicos?

Werner Heisenberg

Atualmente, torna-se impossível negar o papel da nova Física em nossas vidas. Sem as novas teorias, que tantas dores de cabeça causaram a seus descobridores, não poderíamos ter desenvolvido desde os raios X aos aparelhos de televisão, as centrais nucleares, ou o raio laser; da mesma forma não teríamos à nossa disposição o rádio transistorizado, o *walkman*, os relógios digitais, as calculadoras de bolso, os microcomputadores e as lavadoras de roupa programáveis. Porém, as implicações filosóficas das mesmas descobertas não são tão fáceis de se absorver quanto ligar um forno de micro-ondas. Embora tais descobertas tenham sido efetuadas no início do século XX, até hoje nossa cultura vem se recusando a absorver suas consequências filosóficas. Em nosso dia-a-dia, fartamo-nos com os benefícios obtidos através de descobertas cujas implicações tirariam o sono não só do homem comum, mas de muitas mentes privilegiadas.

A razão desse descaso não resulta difícil de se compreender. Não se questionou sobre a influência de tais descobertas em nossa visão do mundo simplesmente porque isso seria insuportável. Teríamos que rever de forma completa e abrangente toda a nossa escala de valores e nossa visão sobre a vida, o que implicaria em mudanças científicas, políticas, religiosas, socioeconômicas, e até mesmo o nosso mais vulgar cotidiano. Como muito bem observa Capra, "Ao transcender a divisão cartesiana, a Física moderna não só invalidou o ideal clássico de uma descrição objetiva da natureza, mas também desafiou o mito da ciência isenta de valores. Os modelos que os cientistas observam na natureza estão intimamente relacionados com os modelos da sua mente - com seus conceitos, pensamentos e valores. Assim, os resultados científicos que eles obtêm e as aplicações tecnológicas que investigam serão condicionados por sua estrutura mental" [7].

Apesar de tantas resistências, algumas ciências vão-se deixando permear por essa nova abordagem, que traz em seu bojo uma visão holística do mundo. A holografia constitui-se num grande exemplo: sabe-se que uma imagem holográfica guarda em cada uma de suas partes, por minúsculas que sejam, as informações do todo. O mesmo espírito norteia a Teoria Geral dos Sistemas, que considera o mundo em função da inter-relação e interdependência de todos os fenômenos. Os sistemas são totalidades integradas, cujas propriedades não podem ser reduzidas às de unidades menores. Sob o ponto de vista desta teoria, os conceitos de parte e todo não se diferenciam da forma a que estamos acostumados, nem se prestam à divisão analítica preconizada pela abordagem mecanicista. Não menos interessante é a novíssima Teoria do Caos, que além de descobrir uma ordem e padrão onde antes só se via a aleatoriedade, apontou a estreita relação entre fenômenos de alcance ínfimo com os fenômenos mais abrangentes observáveis em quaisquer pontos do planeta, batizado como *Efeito Borboleta*. Nas palavras de James Gleick, "O Efeito Borboleta é a noção de que uma borboleta, agitando o ar hoje em Pequim, pode modificar no mês seguinte sistemas de tempestades em Nova Iorque" [8].

Por outro lado, a engenharia genética ensina-nos que um único filamento do DNA contém todo o código genético de um ser vivo. A biologia também apresenta a *Teoria dos Campos Morfogenéticos*, do bioquímico inglês Rupert Sheldrake. Define o campo morfogenético como uma força não energética, uma espécie de memória coletiva, que atua além do espaço e do tempo, conectando todas as coisas e todas as formas da natureza. Isso explicaria por exemplo como o ADN presente na célula de um órgão do corpo "sabe" a qual órgão pertence, reagindo de forma pertinente a esse fato, apesar do material genético ser igual em todo o organismo. A teoria de Sheldrake tem sido bastante combatida atualmente, o que não nos impede de observar os avanços cada vez mais dramáticos do holismo nas mais diversas disciplinas.

A ecologia, por sua vez, demonstra que todas as formas vivas encontram-se inter-relacionadas numa complexa e delicada teia de relações mútuas. Salvador Pániker, no livro *Aproximação da Origem*, escreve: "A nova mentalidade ecológica localiza uma pequena zona, a biosfera, que vai desde as bactérias e os vírus até o homem, inter-relacionando tudo. Dentro desse ecossistema, a sobrevivência de cada elemento depende da sobrevivência dos demais (...) A nova consciência ecológica procura terminar com a inimizade milenar entre o homem e seu meio-ambiente". Na esteira dessas descobertas, surge a fascinante *Hipótese Gaia*, formulada em 1979 pelo biólogo James Lovelock, que mostra a Terra como um ser vivo que regula a sua própria geologia e clima, utilizando os seres vivos em proveito próprio. Dessa forma, todos os seres vivos, inclusive o homem, consistiriam em simples células desse macro-organismo que é o nosso planeta.

Ao contrário do que possa parecer, a hipótese de Lovelock não se reduz a mera especulação filosófica, sendo embasada por uma metodologia rigorosamente científica que a ciência tradicional não conseguiu contestar. Além do mais, sua teoria é a única que pode explicar a desestabilidade atmosférica e a auto-regulação da temperatura do planeta. A *Hipótese Gaia* vem ao encontro da antiga filosofia, e não se constituiria em nenhuma surpresa por exemplo para Platão, que já há muitos séculos havia definido a Terra como "um gigantesco animal cósmico". Por outro lado, as antigas lendas como a do Dilúvio, a destruição de Sodoma e Gomorra ou a submersão de Atlântida revestem-se de um novo sentido ao mostrar o planeta reagindo, através de fenômenos geológicos e atmosféricos, a certos atos cometidos por suas "células vivas", mais ou menos como um cão que se coça violentamente para se livrar de incômodas pulgas instaladas em suas costas. As gigantescas modificações verificadas em nosso planeta atualmente, por exemplo, parecem um princípio de resposta que a humanidade sofrerá por sua desmedida, e suas sistemáticas agressões à natureza.

Observe-se que, apesar de termos discorrido sobre as mais diversas disciplinas, observamos um denominador comum em todas elas, que aponta para a íntima conexão existente entre o todo e as partes que o compõem. Cada parte guarda em seu íntimo as informações sobre o todo de modo que cada célula ou partícula "sabe" o destino de suas equivalentes, por um processo que transcende a mera transmissão de informações. É como se cada parte também contivesse dentro de si o todo, o que possibilitaria a "previsão" do destino desse mesmo todo e das outras partes. Não se trata de uma abstração filosófica, mas de uma múltipla constatação científica nas mais diversas disciplinas.

A esta altura, poderíamos questionar qual a relação entre todas essas descobertas da Física e a Psicologia, mais particularmente a Psicanálise. A ilusão de que as diferentes disciplinas não guardam qualquer relação entre si há muito ficou desprovida de sentido. A própria Física Quântica mostra-nos a íntima relação das partes com o todo, e isto seguramente se aplica ao próprio conjunto das diversas ciências. Por outro lado, para permanecermos ao lado de Einstein, alegando que as leis que regem o mundo subatômico não se aplicam ao macrocosmo de nosso cotidiano, teremos que fechar os olhos para o retumbante "fracasso" do experimento EPR, cujo resultado veio encerrar definitivamente qualquer discussão acerca do problema. A transposição do princípio da incerteza para nosso cotidiano não deixa de fazer sentido até mesmo do ponto de vista matemático. A relação de Planck $E = hv$, onde E representa a energia, e v (a letra grega *nu*) representa a frequência, revela a constante de Planck, h, cujo valor consiste em 6,55 x 10^{-27} erg, e é aplicada na fórmula fundamental, já apresentada, que descreve o princípio da incerteza:

$$pq - qp = h/i.$$

Em nosso mundo cotidiano, a única diferença consiste no fato de que os valores de q (quantidade de movimento) são muito superiores a h, redundando num grau de incerteza proporcionalmente ínfimo. A incerteza característica do mundo subatômico se dilui em nosso mundo observável em virtude da grande massa dos objetos e de sua baixíssima velocidade. Mas isso não nos liberta de um problema: essa incerteza pode ser considerada insignificante, mas existe, e isto já é suficiente para que sejamos obrigados a repensar o universo em que vivemos. Além do mais, se valores físicos como massa (como energia a baixa frequência), posição, velocidade, e até mesmo o tempo, constituem-se como relativos ao observador, podemos transferir essa relatividade para a dimensão da incerteza. Desse modo, ela não seria "realmente" pequena, mas apenas assim pareceria sob nosso ponto de vista, tanto quanto a Terra parece imóvel para seus habitantes, embora se desloque pelo espaço à velocidade de uma bala de canhão. Desse modo, somos obrigados a nos confrontar com a inquietante possibilidade de que até mesmo o mundo observável, para assumir as características que lhe são próprias, não pode ser desconectado da nossa percepção. O universo que nos acostumamos a encarar como algo concreto, existente por si mesmo independentemente de nossa observação, próprio da ciência cartesiana, perde seu sentido juntamente com a nossa noção da realidade, que seremos obrigados a reformular desde seus princípios mais básicos e elementares.

A Psicologia newtoniana.

Eles se contentam com fragmentos de conhecimento e com hipóteses básicas que carecem de precisão e estão sempre sujeitas a revisão. Em vez de aguardar o momento em que estarão aptos a escapar do espartilho das leis conhecidas da Física e da Química, eles esperam o surgimento de leis naturais mais extensivas e de alcance mais profundo, às quais estão prontos a submeter-se.

Sigmund Freud

Tomei o título deste item emprestado de uma incursão que Fritjof Capra efetua no mundo da Psicologia, em seu livro *O Ponto de Mutação*. No citado texto o autor discorre sobre as diversas correntes da Psicologia moderna, mostrando como a maioria de seus pressupostos assenta suas bases nas diretrizes da Física newtoniana. Tal expediente será de grande utilidade para nosso trabalho, pois quando apontarmos os caminhos que a Psicanálise dispõe para acompanhar os rumos da nova Física poderemos visualizar com mais clareza as diferenças cruciais entre as duas formas de abordagem, e suas importantes consequências tanto para a teoria quanto para a prática psicanalítica. No início de sua explanação, apontando a relação entre a Psicologia moderna e o paradigma cartesiano, o autor escreve:

"Descartes, além de estabelecer uma distinção nítida entre o corpo humano perecível e a alma indestrutível, sugeriu métodos diferentes para estudá-los. A alma, ou mente, deve ser estudada por introspecção, o corpo, pelos métodos da ciência natural. Entretanto, os psicólogos dos séculos subsequentes não seguiram a sugestão de Descartes; eles adotaram ambos os métodos para o estudo da psiquê humana, criando, assim, as duas principais escolas de Psicologia. Os estruturalistas estudaram a mente através da introspecção e tentaram analisar a consciência em seus elementos básicos, ao passo que os behavioristas concentraram-se exclusivamente no estudo do comportamento, e assim foram levados a ignorar ou negar a existência pura e simples da mente. Ambas essas escolas surgiram numa época em que o pensamento científico era dominado pelo pensamento newtoniano da realidade. Assim, ambas adotaram por modelo a Física clássica, incorporando os conceitos básicos da mecânica newtoniana em sua estrutura teórica...

Nesse meio tempo, trabalhando mais na clínica e no consultório do que no laboratório, Sigmund Freud usou o método da associação livre para desenvolver a Psicanálise. Embora isso fosse uma teoria muito diferente, revolucionária mesmo, da mente humana, os conceitos básicos eram também de natureza newtoniana. Assim, as três principais correntes do pensamento psicológico nas primeiras décadas do século XIX, sendo suas raízes históricas usualmente atribuídas às filosofias da Antiguidade grega". (p.156).

A psicanálise não surgiu da psicologia, mas da psiquiatria, que no século XIX, tal como agora, era considerada um ramo da medicina. Naquela época, os médicos mergulharam na tentativa de descobrir as causas orgânicas de todas as problemáticas mentais. Até hoje, trazemos vocábulos que aludem a essa concepção: a palavra *neurose* advém de "nervos", e é comum ouvirmos ainda alguém dizer que é "nervoso" ou "sofre dos nervos", para indicar algum problema emocional. A medicina, por sua vez, ainda persiste nessa verdadeira cruzada, munida das novas armas conferidas pela engenharia genética; embora estejam logrando aparentemente algum êxito, ele merece certas restrições que apontaremos em momento mais oportuno. A tentativa de se apontar uma causa orgânica específica para as chamadas neuroses, porém, fracassou inapelavelmente, de onde surgiu o termo *psiconeurose* para referir-se às neuroses que não apresentavam lesões Físicas aparentes. Hoje, o termo *psiconeurose* ficou reduzido a neurose, dada a inutilidade de se estabelecer tal distinção.

Freud, ao publicar juntamente com Breuer os *Estudos Sobre a Histeria*, em 1895, lançou a pedra fundamental da Psicanálise. Aperfeiçoando a técnica aprendida com Charcot, que se utilizava da hipnose para tratar a histeria, ele chegou ao método da associação livre, que veio a constituir a essência do tratamento psicanalítico. Para dar à sua teoria a conformação de ciência exata, Freud procurou formular uma teoria científica da psiquê e do comportamento humanos, onde recorria, tanto quanto possível, aos conceitos básicos da Física clássica em sua descrição dos fenômenos psicológicos. Parecia certo para ele que a Psicologia somente adquiriria o *status* de uma ciência respeitável se se adequasse aos moldes das chamadas ciências exatas, que encontravam sua pedra angular na Física de Isaac Newton. Desse modo, estabeleceu uma relação conceitual entre a Psicanálise e a Física newtoniana, como fez questão de deixar bem claro ao dizer para um grupo de psicanalistas: 'Os analistas (...) não podem repudiar sua descendência da ciência exata nem sua ligação com os representantes dela (...). Os analistas são, no fundo, mecanicistas e materialistas incorrigíveis".[9] Capra, visando ilustrar essa tentativa efetuada pelo criador da Psicanálise, menciona os quatro conjuntos de conceitos que formam a base da mecânica newtoniana, associando-os em seguida com os preceitos básicos da teoria psicológica que dava seus primeiros passos em pleno ocaso do século dezenove:

1) Os conceitos de espaço e tempo absolutos, e o de objetos materiais separados movendo-se nesse espaço e interagindo mecanicamente;
2) O conceito de forças fundamentais, essencialmente diferentes da matéria;
3) o conceitos de leis fundamentais, descrevendo o movimento e as interações mútuas dos objetos materiais em termos de relações quantitativas;
4) o rigoroso conceito de determinismo e a noção de uma descrição objetiva da natureza, baseada na divisão cartesiana entre matéria e mente.

Ao trazer os elementos acima citados para o campo da teoria psicanalítica, o autor aponta que "esses conceitos correspondem às quatro perspectivas básicas a partir das quais os psicanalistas têm tradicionalmente abordado e analisado a vida mental. Elas são conhecidas, respectivamente, como os pontos de vista topográfico, dinâmico, econômico e genético". Na dinâmica newtoniana, as forças sempre se apresentam aos pares, de modo que toda ação redunda numa reação igual e contrária. A leitura desta proposição se expressa, na teoria freudiana, através das forças reativas opostas denominadas "impulsos" e "defesas", apresentando-se, nas diferentes fases da obra de Freud, como libido e pulsão de morte, ou Eros versus Tânatos. Tal como na mecânica newtoniana, essas forças foram definidas em termos de seus efeitos, que foram estudados minuciosamente, mas a natureza intrínseca das mesmas permaneceu sem ser investigada. A essência da força da gravidade, uma questão problemática e controvertida na teoria de Newton, encontra seu correspondente no estudo da natureza da libido na teoria de Freud. Mais adiante, o autor aponta:

"A mais antiga teoria de Freud sobre a origem e o tratamento de neuroses, e especialmente da histeria, foi formulada em termos de um modelo hidráulico. As causas primordiais da histeria foram identificadas como sendo situações traumáticas na infância do paciente, que teriam ocorrido em circunstâncias que impediram uma expressão adequada da energia emocional gerada pelos incidentes. Essa energia, represada, ou reprimida, permaneceria armazenada no organismo e continuaria procurando descarga até encontrar uma expressão modificada através de vários "canais" neuróticos. A terapia, de acordo com esse modelo, consistia em recordar o trauma original em condições que permitissem uma descarga emocional tardia das energias represadas...

Assim como na Física newtoniana, também na Psicanálise a concepção mecanicista de realidade subentende um rigoroso determinismo. Todo evento psicológico tem uma causa definida e dá origem a um efeito definido, e o estado psicológico total de um indivíduo é determinado, de modo único, pelas 'condições iniciais' do começo da infância. A abordagem 'genética' da Psicanálise consiste em situar a causa original dos sintomas e do comportamento de um paciente nas fases prévias de seu desenvolvimento, ao longo de uma cadeia linear de relações de causa e efeito" (p.175).

Evidentemente, um psicanalista experimentado fará objeções à exposição de Capra, uma vez que esta concepção da análise como um resgate de eventos ocorridos no passado do indivíduo, eventos esses considerados como a causa das perturbações neuróticas, já se nos parece francamente obsoleta. O próprio Freud, no trabalho intitulado *A Disposição à Neurose Obsessiva - Uma Contribuição ao Problema da Escolha na Neurose*, já assinalava que os motivos para determinar-se a escolha da neurose têm o caráter de disposições ou propensões *e são independentes das experiências patogênicas*. A abordagem acadêmica de Capra é compreensível na medida em que se trata de um filósofo discorrendo sobre a Psicanálise, e não alguém que tenha a vivência psicanalítica. Ainda assim, ao descrever os pressupostos psicanalíticos em seus primórdios, o autor faz uma oportuna associação entre esses postulados e os da Física clássica, cujos referenciais serviriam de base para o estabelecimento da teoria freudiana.

A ideia de escrever neste capítulo um pequeno extrato das características do mundo subatômico, terminando por esta breve exposição dos conceitos psicanalíticos associados à Física newtoniana, visa estabelecer a meta deste trabalho, a de tentar identificar os aspectos da Psicanálise situados além dos domínios da concepção clássica acerca do universo, que não somente já existem como não são poucos. Nossa tarefa ora em diante consistirá em associar as descobertas da Física moderna, mais exatamente as efetuadas no campo subatômico, à teoria e à prática psicanalíticas, envolvendo desde a psicopatologia, as noções de transferência e contratransferência, até a interpretação clínica. Procuraremos separar o joio do trigo ao apontar as proposições que estariam de acordo com a nova ciência, e as que assentam suas bases na concepção tradicional newtoniana. Algumas coisas poderão se afigurar como novas, outras nem tanto; às vezes, buscaremos nesta nova abordagem uma luz para questões que dividem certas correntes psicanalíticas, de maneira a oferecer uma resposta que transcenda a pura e simples opinião pessoal. Em suma, não nos preocuparemos em trazer invariavelmente algo novo - o que muitas vezes, conforme veremos, tornar-se-á inevitável - mas sim em apresentar proposições que se afinem com a nova realidade que ameaça tomar conta de nossas vidas, em plena aurora do século XXI.

CAPÍTULO II

DAS PARTÍCULAS SUBATÔMICAS
À PSICOPATOLOGIA VINCULAR

Portanto, as partículas subatômicas não são coisas, mas interconexões entre "coisas", e essas "coisas", por sua vez, são interconexões entre outras "coisas", e assim por diante.

Fritjof Capra

A organização libidinal.

No plano das relações objetais, a vida do bebê se inicia num estado que Havelock-Ellis (1898) denominou autoerótico. Freud utiliza o termo nos seus *Três Ensaios Sobre a Teoria da Sexualidade* e o desenvolve, definindo o autoerotismo como um estágio em que a pulsão não é dirigida para objetos externos, satisfazendo-se no próprio corpo. O autoerotismo foi caracterizado como uma fase anárquica que precede a convergência das pulsões parciais para um objeto comum, diferenciando-se do narcisismo, no qual o objeto da libido é o próprio ego, como imagem unificada do corpo. Na passagem do autoerotismo para o narcisismo, "...as pulsões sexuais, até então isoladas, reuniram-se agora numa unidade, e simultaneamente acharam um objeto" (o ego). Mais tarde, em alguns trabalhos, Freud propôs a existência de um narcisismo primário, definindo o autoerotismo como "...a atividade sexual da fase narcísica da organização libidinal".

O início da vida sexual do bebê caracteriza-se por uma absoluta falta de organização quanto à descarga da energia libidinal. Ao longo do desenvolvimento da criança, essa energia precisará ser disciplinada, canalizada, para poder tornar-se "produtiva", isto é, para proporcionar ao indivíduo a capacidade de estabelecer as relações objetais. As fases oral e anal são estágios intermediários antes de se chegar à fase fálica, quando a libido se organiza sob o primado dos órgãos genitais. O desenvolvimento desse processo culmina na fase denominada genital, através da castração simbólica, com a aquisição da identidade sexual, do amor objetal, e a possibilidade de acesso à cultura.

A fase oral é o primeiro passo da organização libidinal. Através do instinto de alimentar-se, o bebê estabelece seus primeiros contatos com a realidade a partir do binômio fome/saciedade, sobre a qual mais tarde se articulará a diferença entre aquilo que pode e o que não pode ser comido, onde se instituirá a oposição entre o bem e o mal. A prática autoerótica de chupar o polegar, que começa no próprio útero materno e se constata no recém-nascido, consiste num reflexo inato. O impulso primitivo de sugar, que a princípio se liga à função da nutrição, acaba se tornando independente desta, e o prazer que se obtém do seio ou da mamadeira não visará tão-somente a eliminação da fome, mas também a estimulação da mucosa oral erógena. A excitação oral apoia-se, portanto, na necessidade de alimento, do mesmo modo que a excitação sexual primitivamente se apoiou em outras funções fisiológicas, como a respiração, as sensações cutâneas, e as sensações obtidas da satisfação das necessidades excretórias.

À necessidade de estimulação da mucosa oral, segue-se a de incorporação dos objetos. Quem incorpora os objetos torna-se unido a eles, nos moldes de uma comunhão; comer um objeto significa torná-lo parte do próprio sujeito. Desse modo, a "introjeção oral" consiste na base das primeiras identificações. Por outro lado, como a incorporação destrói o objeto, ela adquire um caráter ambivalente, que irá permear as fantasias orais.

Fenichel lembra que "Abraham diferenciou duas subfases do estágio oral: uma pré-ambivalente, em que, subjetivamente, não existe objeto algum, mas apenas se procura sucção prazerosa; e uma fase ambivalente, que ocorre após o aparecimento dos dentes, fase cujo objetivo é morder o objeto... Esta coordenação entre a sucção e a fase anterior ao estabelecimento dos objetos, de um lado, e, doutro lado, o morder e os impulsos sádico-orais, não têm, contudo, inteiro cabimento; é comum observar fantasias de sucção, dirigidas contra objetos (vampirismo)".[10]

Na fase oral a criança conhece os objetos e aprende a assumir relações com eles. Esse processo e a maneira como ele se dá é básico na determinação de todo relacionamento posterior com a realidade. Qualquer ênfase quanto às ideias de dar e receber refere-se à oralidade. Uma maior privação nesta fase, porém, determina uma atitude pessimista (depressiva) ou sádica (querelante). O indivíduo fixado no estágio oral há de apresentar pouco interesse em cuidar de si próprio, exigindo proteção e cuidado de terceiros a ele relacionados. Pode-se dizer que o caráter oral tem a mais absoluta convicção de que o mundo lhe deve tudo o que julga merecer, tendendo inclusive a acusar os outros pelos próprios fracassos. A atuação pertinente a este tipo de caráter se exprimirá por comportamento passivo extremo, ou sádico-oral muito ativo.

"As tendências sádico-orais são com frequência de índole vampiresca. As pessoas que as têm, solicitam e exigem muito; não renunciam ao seu objeto e afixam-se "pela sucção". O apego adesivo de muitos esquizofrênicos aos seus objetos, sugere que no período de dominância oral, o medo de perder um objeto foi particularmente grande; medo este que produz a 'sucção' (...) O comportamento daqueles que tem caráter oral mostra, com frequência, sinais de identificação com o objeto pelo qual querem ser alimentados (...) Outras pessoas são absolutamente avaras: jamais dão aos outros coisa alguma, atitude esta que remonta à identificação com mãe frustradora. A atitude delas é, realmente, de vingança: 'já que não me deram o que eu queria, não hei de dar aos outros o que eles querem' (...) Já se disse que há vezes em que as pessoas de caráter oral são dependentes dos objetos para manter a autoestima. Precisam de provisões externas tanto para a satisfação erótico-oral quanto para a gratificação narcísica da autoestima. Assim, pois, a generosidade pronunciada e a marcada mesquinhez podem ser atribuídas a conflitos que se centram no erotismo oral. Certas pessoas mostram de maneira evidente as suas necessidades receptivas; incapazes de cuidar de si mesmas, querem ser assistidas, isso manifestando-se ora exigentes, ora suplicantes" [11].

Ao mesmo tempo em que seus interesses são egoístas, e suas exigências tanto intensas quanto constantes, tem uma limitada capacidade de doação e retribuição. Espera sempre receber uma compreensão irrestrita, simpatia e amor; por outro lado, enquanto é extremamente sensível a qualquer frieza sentida no companheiro ou no meio, costuma não perceber suas próprias faltas para com o próximo. À medida que - e isso naturalmente acontece - o outro não consegue atender a essas exigências narcisísticas, desenvolve intensos sentimentos de rejeição, demonstrando enfática e ostensivamente seu ressentimento e hostilidade. A pouca tolerância com a frustração traduz-se numa dificuldade com a espera, e em reconhecer como amor qualquer demonstração um pouco diferente da esperada pelo sujeito.

Diria que, para o caráter oral, uma das coisas mais difíceis de se assimilar é a ideia de que o outro possa igualmente precisar de provisão e amor; não raro o sujeito sente-se ofendido e injustamente cobrado quando o parceiro demonstra suas próprias necessidades. O irmão de um paciente tinha o costume de pegar o carro dos pais, e com ele rodava até acabar a gasolina, que sequer se dava ao trabalho de controlar. Uma vez esgotado o combustível, telefonava da rua informando onde o carro estava estacionado, para que alguém viesse buscá-lo. Qualquer cobrança no sentido de que evitasse tal tipo de acontecimento provocava-lhe uma revolta incontrolável, e um forte sentimento de perseguição.

Fica difícil para o outro diferenciar a declaração de amor de um simples pedido de amor: o "Eu te amo" do caráter oral significa simplesmente "Eu quero que você me ame". Uma música do compositor Djavan diz algo bem próprio de tais indivíduos: "Vem me fazer feliz porque eu te amo!" Em vez de estabelecer-se numa base de troca e cooperação, dar e receber, suas relações de amor remontam à mais primitiva infância, onde o outro é visto simplesmente como um provedor inesgotável e unilateral. Muitas atitudes de pessoas fixadas neste nível se podem explicar pelo fato de que, neste período, não se veem os objetos como indivíduos, mas sim, apenas, como alimento ou provedores de alimento. Esse alimento mais tarde diversificar-se-á em atenção ou estima, elementos pelos quais o caráter oral ansiará com a mesma intensidade com que desejava o leite materno.

A grande importância da fase anal reside no fato de que, juntamente com o aprendizado dos hábitos higiênicos, a criança dá o seu primeiro passo em seu ingresso no meio social. Isto dá quando ela aprende, ao contrário do imediatismo reinante no período oral, a renunciar à gratificação instintiva imediata, e passa a buscar satisfazer os seus objetos de amor. A criança descobre que para ser amada pelo outro, precisa dar algo em troca, que aqui consiste no asseio e higiene pessoal. Embora o objetivo primário do erotismo anal seja o gozo de sensações prazerosas na excreção, a experiência vem ensinar que a estimulação da mucosa retal pode aumentar com a retenção das fezes.

Como assinala Fenichel, "o objetivo do primeiro ato sádico-anal são as próprias fezes, cuja expulsão se percebe como uma espécie de ato sádico; posteriormente, as pessoas são tratadas como já o foram as fezes; em segundo lugar, o fator de 'poder social' que se envolve no controle dos esfíncteres; exercitando-se no asseio, a criança encontra oportunidade efetiva para exprimir oposição contra os adultos".

"Razões fisiológicas existem para a conexão de erotismo anal, de um lado, e, doutro lado, ambivalência e bissexualidade. O erotismo anal faz que a criança trate um objeto, a saber, as fezes, de maneira contraditória: expele a matéria para fora do corpo e a retém como se fosse um objeto amado; aí está a raiz fisiológica da "ambivalência anal". Por outro lado ainda, o reto é órgão oco excretório; órgão excretório que é, pode expelir ativamente alguma coisa; órgão oco, pode ser estimulado por um corpo estranho que penetre. As tendências masculinas derivam, da primeira faculdade; as tendências femininas, da segunda; temos aí a raiz fisiológica da conexão existente entre o erotismo anal e bissexualidade" [12].

Freud, ao investigar o caráter anal, identificou características nele presentes que, em parte, são formações reativas contra atividades erótico-anais e, em parte, sublimações destas, chegando à trilogia do amor à ordem, a parcimônia e a obstinação. Fenichel escreve:

"A parcimônia é a continuação do hábito anal de retenção; às vezes, motivada mais pelo medo de perder; às vezes, mais pelo prazer erógeno. O amor à ordem é a elaboração da obediências às exigências do ambiente que cobrem a regulação das funções excretórias. A obstinação é elaboração da rebeldia contra as mesmas exigências. Em certas condições (constitucionais e ambientais), a obstinação pode ir a ponto tão extremo que a pessoa em questão é sempre obrigada a fazer exatamente o contrário do que se lhe pede... a teimosia é um tipo passivo de agressividade, que se desenvolve nos planos em que a atividade é impossível. É o que ocorre, pela primeira vez, na vida da criança quando ela consegue contrariar os esforços dos adultos pela constrição dos esfíncteres"[13].

Mais tarde, o poder que se deseja será obtido pelo autocontrole ou pelo controle dos objetos; e o anseio de poder determina-se, em geral, pelo medo de perder a autoestima. Abraham sugeriu que se subdividisse a fase anal em um período inicial, que teria um objetivo sádico no prazer excretório, sem consideração do objeto, e um período ulterior, que se caracterizaria por um prazer prevalente de retenção, no qual se conserva o objeto. Neste segundo estágio, surgiria a capacidade de amar, através da consideração com o bem-estar do objeto, que tem suas raízes na disposição de se renunciar às fezes por amor a este.

O clímax do desenvolvimento da sexualidade infantil realiza-se na concentração genital da excitação sexual. A região genital e os órgãos reprodutores alcançarão uma significação dominante; chega a aparecer uma espécie de orgasmo genital. Foi esta fase que Freud chamou organização genital infantil, ou fase fálica. Este estágio, que no aspecto fisiológico prepara o sujeito para a reprodução sexual, quando elaborado (fase genital) proporcionará a capacidade de amar de forma madura. Este período já corresponde a uma organização da sexualidade bastante próxima da do adulto. Nos *Três Ensaios Sobre a Teoria da Sexualidade*, Freud escreve:

"Nesta fase, que já merece ser chamada genital, encontra-se um objeto sexual e uma certa convergência das tendências sexuais sobre esse objeto. Mas existe uma diferença essencial entre ela e a organização definitiva na época da maturidade sexual: esta fase só conhece uma espécie de órgão genital, o órgão masculino. É por esta razão que o chamei estágio de organização fálica".

A partir das ideias desenvolvidas em seus trabalhos *O Declínio do Complexo de Édipo* (1924) e *Algumas Consequências Psíquicas da Diferença Anatômica dos Sexos* (1925), Freud mostra que, sob uma perspectiva genética, a oposição entre passividade e atividade observada no estágio anal, corresponde à bipolaridade castrado/não-castrado que caracteriza a fase fálica. Como o pênis corresponde a uma valoração máxima, em contrapartida à ausência de pênis, de valoração mínima, a menina sentir-se-ia castrada em relação ao menino, desejando possuir o mesmo órgão próprio deste último. Este desejo acaba substituído pelo de ter um filho, como equivalente simbólico do pênis.

Reich descreveu um "caráter fálico", também chamado "fálico-narcisista", que parece corresponder em sua maior parte ao tipo realizador de desejos da reação do complexo de castração. As personalidades fálicas têm comportamento arrojado, decidido, seguro de si, traços que, no entanto, são de caráter reativo, refletindo fixação no nível fálico, com sobrevaloração do pênis e confusão deste com o corpo inteiro. Esta fixação resulta ou de um medo de castração, que impede orientação plena para os objetos, ou de uma defesa contra tentações de regressão receptivo-anal. Uma vaidade e uma sensibilidade intensas revelam que esses pacientes narcísicos ainda têm tanto medo da castração quanto as suas necessidades narcísicas; e que, basicamente, são oral-dependentes, atitudes estas que supercompensam. São caracteres reativos, mas diferem dos compulsivos típicos pela carência de formações reativas contra um comportamento francamente agressivo: pelo contrário, empregam comportamento francamente agressivo como formação reativa. Conforme disse Reich: 'o pênis destes indivíduos serve menos ao amor porque está a serviço da vingança contra a mulher, porque têm medo do amor'. O orgulho e a coragem, o acanhamento e a timidez desenvolvem-se, neste ou naquele indivíduo, em torno dos conflitos do complexo de castração. Muita coisa que impressiona os outros como coragem representa supercompensação da angústia de castração; e a absoluta falta de coragem, de que Adler tanto fala quando descreve os neuróticos, pode atribuir-se, em geral, ao complexo de castração.

"A capacidade de alcançar satisfação plena pelo orgasmo genital, possibilita a regulação fisiológica da sexualidade, desta forma encerrando o represamento das energias instintivas, com os seus malsinados efeitos sobre o comportamento do indivíduo; e também promove o pleno desenvolvimento do amor (e do ódio), ou seja, a superação da ambivalência. Mais ainda: a capacidade de descarregar grandes quantidades de excitação significa o fim das formações reativas e o aumento da capacidade de sublimar. O complexo de Édipo e os sentimentos inconscientes de culpa oriundos da infância podem, então, ser de fato superados. As emoções já não são rejeitadas, mas usadas pelo ego, formando parte harmoniosa da personalidade total. Se já não há necessidade de rejeitar os impulsos pré-genitais que ainda atuem no inconsciente, a inclusão deles na personalidade total, sob a forma de traços do tipo sublimado, vem a fazer-se possível. Nas personalidades neuróticas os impulsos pré-genitais conservam o seu caráter sexual e transtornam as relações racionais para com os objetos; mas, no caráter normal, eles em parte servem aos objetivos do pré-prazer sob a primazia da zona genital; com maior amplitude, no entanto, são sublimados e subordinados ao ego e à razoabilidade" [14].

A mais importante característica da fase fálica é a de servir de palco para o drama edípico, o que lhe confere o *status* de sede das neuroses. A neurose, como consequência de uma falha na elaboração do Édipo, resulta de uma passagem precária à fase genital, comprometendo a capacidade de amar e obter prazer, e a produtividade do indivíduo. O impulso sexual, e por extensão toda classe de desejos, ficam agrilhoados à culpa do incesto, redundando em sérios prejuízos quanto à capacidade de se obter satisfação. Se o caráter oral diz "eu quero" e o anal diz "eu controlo", o caráter fálico diria "eu tenho, eu posso (mais)".

Abraham resumiu o processo de desenvolvimento libidinal em um quadro diagramático, apresentado na página seguinte, ao qual Fenichel acrescentou uma coluna referente ao ponto dominante de fixação. Embora o próprio Abraham assinale que "o quadro pode comparar-se ao horário de um trem expresso, que enumera apenas umas tantas dentre as estações mais importantes", dada a sua característica de resumo, este poderá constituir-se de grande valia para se compreender a dinâmica dos quadros psicopatológicos desde a perspectiva proposta neste trabalho.

Estágios da Organização Libidinal	Estágios do Desenvolvimento Do Amor Objetal	Ponto Dominante
Oral Inicial (sucção)	Autoerotismo (anobjetal, pré-ambivalente)	Esquizofrenia (estupor)
Sádico-oral Ulterior (canibalístico)	Narcisismo: incorporação total do objeto	Transtornos maníaco-depressivos (adição, impulsos mórbidos)
Sádico-anal inicial (expulsiva)	Amor parcial com incorporação	Paranoia, certas neuroses de conversão pré-genitais
Sádico-anal ulterior (retentiva)	Amor parcial	Neurose obsessiva e conversões pré-genitais
Genital inicial (fálica)	Amor objetal, limitado pelo complexo de castração	Histeria
Genital final	Amor (pós-ambivalente)	Normalidade

A psicopatologia vincular.

Partículas materiais isoladas são abstrações, sendo que suas propriedades só podem ser definidas e observadas através de sua interação com outros sistemas.
Niehls Bohr

O vínculo terapêutico tem dois polos: o do terapeuta e o do paciente. Sendo assim, só podemos falar do vínculo como unidade mínima de enfermidade, e de objeto de cura.
Hernán Kesselman

Hernán Kesselman (1977) aponta as duas grandes formas de abordagem que se apresentam aos profissionais da área de saúde mental: o da clínica psiquiátrica, especialmente a Fenomenologia, e as chamadas correntes dinâmicas, em particular a Psicanálise. A proposta de seu trabalho consiste em oferecer uma nosografia alternativa e compreensiva de ambas as concepções[15]. Baseado em Pichón-Riviere, ele parte de um esquema denominado E.C.R.O. (Esquema Conceitual Referencial Operativo), cujas proposições reproduziremos abaixo:

a) "A psicopatologia, assim como a Psicologia, é vincular. As condutas, e neste caso particular as chamadas anormais ou enfermas podem compreender-se como formas de vinculação de um sujeito consigo mesmo e com o mundo que o circunda. O vínculo terapêutico tem dois polos: o do terapeuta e o do paciente. Sendo assim, só podemos falar de vínculo como unidade mínima de enfermidade, e de objeto de cura. Isto inclui, naturalmente, a pessoa do psicoterapeuta como o outro polo do vínculo com o qual devemos considerar o aporte psicopatológico próprio do terapeuta para a criação de um vínculo chamado transferência (neurose, psicopatia ou psicose de transferência), que intenta resolver-se no processo terapêutico como fórmula de cura. É o tipo de vínculo que desenha a forma psicopatológica que haveremos finalmente de observar.

b) "A psicopatologia é dinâmica. Numa consideração longitudinal do indivíduo, a psicopatologia é um edifício com uma estrutura de base que suporta uma superestrutura de superfície em um interjogo de forças (dinâmica) que se expressa horizontalmente através das áreas da conduta e dos chamados âmbitos de comportamento. "As áreas de conduta são (Bleger, Pichón) concebidas como formas de compreensão e expressão da mesma e ainda que possam ser sucessivas, simultâneas ou alternadas, as classificamos por seu predomínio na área 1 ou *área das representações mentais*, área 2 ou *área corporal* e área 3 ou *área das relações interpessoais* (...) Em seu caminho evolutivo o ser humano se vincula através de mecanismos psíquicos de projeção e introjeção, que lhe vão dando uma representação interior valorativa (boa, má ou confusa) de si mesmo ou daqueles que o rodeiam. Estes mecanismos são mais intensos na infância e vão amortizando-se com o amadurecimento, ainda que por sua persistência na base da personalidade recebam o nome de psicóticos, o que equivaleria a imaturos (os objetos não são bons ou maus, senão ideal e onipotentemente bons ou maus)".

c) "A nosografia (agrupamentos sistematizados dos quadros clínicos) é convergente. Apesar das dissidências formais mantidas durante tantos anos cremos que é possível o agrupamento convergente das descobertas mais importantes de cada escola, o que redundará no benefício de terapeutas e pacientes.

"Da fenomenologia tomamos especialmente suas decisões e compreensões das psicoses e psicopatias fundamentais e a importância que para ela têm os diferentes graus de desestruturação da consciência. Da Psicanálise tiramos fundamentalmente a concepção do inconsciente e a teoria das relações objetais com seu interjogo dinâmico entre ansiedades e defesas. É assim que descrevemos uma nosografia assentada basicamente nos fenômenos observados (sintomas e sinais) que se explicam pelo tipo de relação objetal (vínculo com objetos bons, maus e confusos) que o sujeito mantém com seus objetos de interesse".

A ESTRUTURA BÁSICA

Para Pichón-Riviere, todos os indivíduos possuem um núcleo central em sua personalidade, a partir do qual se originam as diversas patologias. Kesselman, apoiado nesta ideia, faz um esquema (vide quadro no final deste item) onde a estrutura, sob a forma de um núcleo psicótico de base, consiste na matriz da personalidade, que, conforme a posição adotada pelo sujeito frente aos objetos, poderá ser do tipo confusional, esquizofrênico ou melancólico. Sobre esta estrutura superpõem-se três camadas defensivas, chamadas áreas 1, 2 e 3. A área 1 corresponde às representações mentais, onde ocorreriam as neuroses; a área 2 refere-se ao corpo, onde as defesas seriam as somatizações; por fim, a área 3 ou das relações interpessoais refere-se às psicopatias.

Citando os estudos de pesquisadores como Mahler, Bion e Bleger, Kesselman afirma a existência de um núcleo central da personalidade no qual, apesar de existirem as relações de objeto desde o início da vida, o sujeito queda incapaz de diferenciar-lhes a qualidade. A estrutura confusional, também chamada bizarra, glischrocárica ou epileptoide, é a de natureza mais primitiva que a personalidade pode conter. Caracteriza-se por um estado de indiscriminação dos objetos: não se diferenciam os objetos internos dos externos, o eu do não-eu, os objetos

34

persecutórios dos protetores, enfim, os objetos ditos *bons* dos objetos *maus*.

Este núcleo, em seu estado mais puro, caracteriza-se por uma total obstrução da consciência, encontrando sua máxima expressão no coma do ataque epilético e nos movimentos involuntários que o acompanham. Em menor grau, a psicose confusional também o manifesta, implicando em uma grande obnubilação da consciência, desorientação temporo-espacial e delírios oníricos com atividades motoras (paralíticas ou hipercinéticas). Kesselman cita como exemplo o *delirium tremens* da psicose confusional dos alcoólatras. Podemos incluir também a psicose epilética entre as manifestações extremadas do núcleo confusional.

A capacidade de discriminar os objetos como bons ou maus advém de uma ordem mais elaborada que a primitiva estrutura confusional. Esse passo adiante no desenvolvimento da personalidade compreende a posição esquizo-paranoide, descrita por Melanie Klein. A estrutura esquizo-paranoide caracteriza-se, além da diferenciação dos objetos, por um predomínio na internalização dos objetos bons, com um consequente predomínio na projeção dos objetos considerados maus. Portanto, o sujeito que se assenta sobre um núcleo esquizo-paranoide, como já sugere o nome, se faz extremamente desconfiado para com o mundo exterior, com o qual estabelece uma relação preponderantemente persecutória. Por outro lado, tende a voltar-se para o mundo interior, onde predominam os objetos bons, e a nele confiar cegamente. Desse modo, o recolhimento dentro de si mesmo, o negativismo (mais como oposição ativa do que indiferença) e os delírios persecutórios (como na forma paranoide da esquizofrenia) consistem em manifestações deste núcleo básico, cuja maior expressão seria talvez o absoluto alheamento observado no autismo. Para indivíduos deste tipo tanto a alegria quanto a tristeza dependem mais de processos internos do que externos, tendo como exemplo o riso aparentemente sem motivo ou o êxtase dos esquizofrênicos, tanto quanto o pranto repentino ou os delírios persecutórios. O meio externo merece-lhe a indiferença, servindo quando muito de mera referência para situar fragmentos de seu interior.

O núcleo melancólico remonta à posição depressiva descrita por Melanie Klein. Neste, preponderam dentro os objetos maus, em contrapartida aos objetos bons que se alojam no exterior. Aqui também predomina uma tendência a preocupar-se com o mundo interior, mas atrelado a um narcisismo negativo. A diferença entre o autismo esquizoide e o "autismo melancólico" pode se exemplificar na diferença entre um sujeito que permanece dentro de casa por que nela se sinta extraordinariamente bem, em contrapartida vendo a rua como um lugar extremamente ameaçador, e o que permanece em casa fascinado pela sujeira nela existente, numa tentativa de encetar uma reforma que efetivamente nunca ocorrerá. Enquanto o primeiro tenta simplesmente salvaguardar o mundo interno, idealizado como onipotentemente bom (narcisismo positivo), o outro busca proteger-se dos objetos onipotentemente maus internalizados (narcisismo negativo). Enquanto um tende a identificar-se com o Ego Ideal, o outro tende a fazê-lo com o negativo do mesmo.

A melancolia é permeada pela experiência da falta, onde o objeto amado perdido é pressentido como irrecuperável. Como Freud denuncia em seu trabalho *Luto e Melancolia*, o objeto ausente, que passa de amado a odiado pela dor que ocasiona, passa a fazer parte do sujeito através da identificação. Este processo explica a baixa autoestima e a tendência à autorreprovação observada nos indivíduos melancólicos: os ataques desferidos contra si mesmo derivam da volta do ódio, primitivamente devotado ao objeto perdido, para o mundo interior.

A percepção de um mundo interior permeado de objetos maus possibilita também a inveja. O melhor se encontra fora, é idealizado e invejado de forma contumaz, o que confere ao indivíduo um permanente mal-estar. As ideias de suicídio se fazem, conforme a intensidade do quadro, mais ou menos presentes, como a cartada mais dramática disponível, onde, mais do que aniquilar a si mesmo, visa o sujeito a destruição de um perseguidor interno (um superego rígido e cruel), do qual não conseguiria de outro modo escapar. Suas expressões mais dramáticas são a psicose melancólica ou a maníaco-depressiva. A mania constitui-se na defesa predileta contra a melancolia, e corresponde a uma alegria sem sentido, ou uma exaltação banal do estado de ânimo, com que o sujeito pretende evitar cair em depressão. Lembra os famosos "globos da morte" apresentados no circo, onde um motociclista acelera ao máximo seu veículo para se manter nas paredes da tela, sem o que cairia ao chão estrepitosamente.

A SUPERESTRUTURA - ÁREA 3

Kesselman concebe as psicopatias como defesas contra os núcleos psicóticos de base, que se expressam na área 3 ou das relações interpessoais. Nesta área, as ansiedades se manifestam na *atuação interpessoal*. A dinâmica consiste em se depositar, por projeção, as fantasias inconscientes nas outras pessoas para fazê-las atuar (via contratransferência) o que se conhece como conduta psicopática. Schneider descreve esta classe de pessoas como indivíduos que, apesar de não apresentar transtornos do juízo nem uma ruptura com a realidade externa, assumem atitudes e comportamentos que trazem sofrimento para si e para aqueles que os cercam. Como sugere Kesselman, sua loucura enlouquece mais ao outro do que a si mesmos. O autor classifica as psicopatias de acordo com o efeito final da conduta, a partir do qual se poderia entrever o núcleo psicótico subjacente.

Sobre o núcleo confusional, estabelece-se a psicopatia ambígua ou confusional. A confusão não aparece nem na mente, nem no corpo do indivíduo, e sim depositada e atuada pelo outro que se lhe apresenta como objeto da relação. Este último acaba assumindo os mal-estares corporais e a confusão mental. "São características as atuações promíscuas e vínculos em que não se distinguem protetores de perseguidores. Um psicopata ambíguo pode simultaneamente molestar um ancião e chorar porque seu gatinho está sem leite para alimentar-se, sem apreciar as diferenças valorativas de sua atuação. Afeito às explorações violentas e agressivas, hábil com as drogas e o álcool, toda sua personalidade denuncia o núcleo epilético ou confusional do que se defende com estas condutas, que de não aparecer, cederiam passo a uma autêntica psicose confusional" (p.21).

Os indivíduos confusionais normalmente constituem personalidades controvertidas, reconhecidas amiúde como "figuras raras", estranhas, insólitas, imprevisíveis, etc. Os sentimentos que desperta variam desde o amor, a fascinação, à piedade ou ao ódio puro e simples. Podem também despertar diferentes sentimentos nos diversos lugares ou contextos que frequenta: por exemplo, um indivíduo pode ser simultaneamente amado e idolatrado no clube, indiferente no trabalho, e odiado pela família.

A defesa na área 3 contra o núcleo esquizofrênico constitui-se na forma clínica vulgarmente conhecida como psicopatia propriamente dita. O psicopata assim constituído dispõe de uma frieza e uma atitude altamente pragmática, tendo dificuldade de perceber as coisas desde o ponto de vista do outro; a ausência de culpa também é bastante característica deste sujeito. A aguda sensibilidade, própria da esquizoidia, torna-os muitas vezes pessoas sedutoras e carismáticas; porém, utilizam sua capacidade de liderança em seu próprio proveito, mesmo que seus atos redundem em prejuízo a outrem. Os vínculos que estabelecem tendem a redundar em prejuízo para terceiros, e normalmente conseguem sair-se incólumes de qualquer catástrofe resultante de seus atos. Esse tipo de quadro, quando assume uma forma paranoide, pode produzir um líder espiritual, desses que fundam uma nova religião a partir de visões de santos e anjos, que nada mais são do que expressões de seu mundo interno idealizado. Apesar de suas ideias nem sempre razoáveis, costumam arrastar milhares de pessoas ao fanatismo, onde são levadas a atuar sua própria loucura. Podem ser aqueles sujeitos "cuja fala não se escreve", ou seja, pessoas que pouco tempo depois de prometer algo, esquecem-no completamente. Aqui se incluem os amantes que fazem declarações apaixonadas, protagonizam um amor intenso e irresistível, mandam flores, bilhetes, em seguida desaparecendo sem deixar vestígios, deixando atônito o parceiro amoroso, que jamais chega a compreender o mal que teria cometido para merecer tal atitude. Essa volubilidade advém da grande dificuldade que esses indivíduos podem apresentar em estabelecer vínculos sólidos e estáveis.

Embora possam ser ternos e encantadores algumas vezes, principalmente nas relações mais superficiais, em outras demonstram falta de empatia, insensibilidade à dor alheia e até mesmo uma refinada crueldade. Podem ser golpistas, trapaceiros, falsários, estelionatários, abusadores, estupradores, empresários, executivos e políticos inescrupulosos, e exploradores em geral. Aqui se acham aqueles assassinos capazes de reconstituir um crime sem demonstrar a menor emoção ou culpa, atitude que costuma revoltar as pessoas que a presenciam. Incluam-se ainda aqueles sujeitos que conseguem manipular uma pessoa de modo a induzi-la cometer um crime em seu lugar, como nos casos em que mulheres convencem seus amantes a assassinar seus maridos (Richtoffen). Ao confessar um crime, supostamente arrependidos, choram "lágrimas de crocodilo"; dali a cinco minutos, podem voltar a justificá-lo, ou a discorrer sobre ele de forma bem-humorada, esquecendo-se completamente da cena feita anteriormente. Intimamente, acreditam na justiça e na correção de quaisquer de seus atos, pois têm uma extrema dificuldade em exercer uma autocrítica lúcida.

Este tipo de sujeito apresenta um conceito extremamente positivo sobre si mesmo, julgando-se capaz de tudo o que se propõe: à medida em que não obtém o sucesso almejado, não hesita em culpar a terceiros pelo fracasso, opinião que defende com total sinceridade. Como tais condutas constituem-se numa defesa contra a esquizofrenia, podem aparecer às vezes formas maníacas de defesa, ou uma excitação psicomotora como em pleno surto esquizofrênico, diferenciando-se dos estados maníacos verificados na psicose maníaco-depressiva, estes últimos defensores da melancolia subjacente. Sua tendência à ausência de culpa, a uma maior ou menor amoralidade, sua atitude extremamente pragmática, a agressividade sutil ou grosseira, e sua forma narcisista positiva de ter-se invariavelmente em primeira conta revela o núcleo esquizofrênico subjacente, que promove essa atitude de preservar os objetos bons contidos em seu interior. Tal postura acaba angariando decepção e antipatia nas pessoas com quem estabelece uma relação mais duradoura, gerando a convicção de que se trata de uma má pessoa, contra a qual deve-se ter o máximo cuidado.

A defesa na área 3 contra o núcleo melancólico provoca a psicopatia depressiva, caracteropatia ou neurose de caráter. Apesar destes indivíduos, assim como no quadro anterior, tenderem a manejar o outro nas suas relações interpessoais, suas atuações soem redundar em prejuízo para si próprios. Constitui-se no protótipo do anti-herói, como Don Quixote de La Mancha, cujas aventuras terminam em fracasso, humilhação e autoflagelo. Se ele perpetra um delito, acaba descoberto, castigado, às vezes logrando sua destruição total. Seus projetos, por mais inocentes que sejam, podem acabar como tiros saindo pela culatra: podem ser, por exemplo, os sujeitos que em relações de sociedade, terminam lesados e roubados pelo sócio, ou simplesmente explorados. A dificuldade que apresenta em defender seus próprios interesses sinaliza uma culpa inconsciente, que deve ser purgado pela experiência de prejuízo. Sua capacidade de *insight* acaba prejudicada, e segue "pecando" como uma forma de dramatizar toda a maldade que julga conter dentro de si, e como uma maneira de perpetuar a necessidade de arrependimento e castigo. A autocrítica não se coloca a serviço da verdade, mas serve simplesmente para fins de autoflagelação. Vítima de depressões cíclicas, muitas vezes pode externar, às vezes com prazer, um sentimento de se considerar um peso na vida dos que com ele convivem. Mais cedo ou mais tarde, acaba despertando mais pena do que ódio, visto que o maior prejudicado de seus arroubos é ele próprio. Estas atuações denotam o núcleo melancólico de base, e se constituem em defesas contra a depressão ou suicídio.

ÁREA 2

Esta envolve a expressão na área corporal das ansiedades pertinentes ao núcleo psicótico subjacente. Kesselman afirma ser difícil sistematizar as defesas contra o núcleo confusional, e especula que "...o conjunto de neoformações e crescimentos anárquicos e anormais do estilo das degenerações de sistemas e tumorações específicas. São as *somatizações confusionais*. Bastaria observar no microscópio a estrutura deste processos para reconhecer em sua anarquia, em sua mescla de elementos 'bons e maus' para o organismo, uma verdadeira representação, um suspeitoso símile a um nível biológico do caos que o comportamento geral e a mente apresentam no estado confusional típico. É frequente na clínica a aparição de estados confusionais posteriores a processos degenerativos, tóxicos, infecciosos ou tumorais que apareceriam como uma defesa corporal prévia contra a queda na confusão".

Estas ideias merecem maiores comentários. Embora se possa compreender perfeitamente a associação que o autor faz entre as desordenadas formações tumorais e a confusão, eu colocaria reparos nesta posição com base na experiência clínica. Na prática, tenho visto no câncer muito mais uma expressão de uma melancólica falta de vontade de viver do que qualquer outra coisa. Parece que as pessoas em dado momento desistem da vida por pressentir que o objeto amado, perdido nos primórdios de sua história psíquica (perda em torno da qual se estabelece a melancolia), jamais, efetivamente, poderá ser recuperado. É o mesmo mecanismo desencadeador da depressão, que quando chega a um clímax provoca o suicídio; neste caso, tratar-se-á de um "suicídio involuntário", inconsciente, que em vez de ser atuado é somatizado. Há nestas fantasias uma intensa carga de ódio contra esse objeto, que se volta para si próprio como um bumerangue, constituindo o câncer numa das somatizações mais claras do desejo de autodestruição. Por outro lado, essa agressão contra si mesmo envolve na mesma medida uma vingança contra o objeto amado, do tipo "já que você não me quis amar, então eu lhe imponho uma perda tão grande quanto a minha". Esta atuação visa despertar culpa no outro por não haver amado como devia. Os ataques epiléticos parecem representar

39

melhor a confusão quando ganha o nível corporal. Tanto as crises de ausência, como as do tipo grande mal, ou os rompantes agressivos como costumam acontecer com os psicóticos epiléticos se encaixam perfeitamente a esta estrutura subjacente.

As defesas na área 2 contra as ansiedades do núcleo esquizofrênico configuram as reações alérgicas ou fobias de contato. São o que Kesselman denomina *somatizações fóbicas*, em que a pele e as mucosas funcionam como órgãos de choque, tais como as alergias, as dermatites de contato, as inflamações das mucosas respiratórias, digestivas, etc. Dentro das fobias de contato temos as ideias delirantes que acometem um indivíduo acerca do perigo de ser contaminado por germes de qualquer espécie. São aquelas pessoas que, como o falecido milionário Howard Huges, trancafiam-se em casa para não se contaminar com micróbios. Desinfetam constantemente as mãos ou mesmo o corpo inteiro. Cumprimentam o outro protegidos com luvas ou lenços de papel. Podem evitar pisar no chão com medo que os micróbios penetrem pela planta dos pés, através da sola do sapato. Ao comer, certificam-se da mais completa desinfecção da comida.

Contra o núcleo melancólico, as defesas na área 2 constituem a histeria de conversão. Aqui o corpo constitui-se na sede do objeto onipotentemente mau, podendo assim, ser atacado, castigado, controlado e paralisado pelo próprio sujeito. Esse objeto mau simboliza os impulsos censuráveis, eróticos ou agressivos, cuja energia se converte em um sintoma ambíguo que expressa ao mesmo tempo o desejo e a punição ao mesmo.

De acordo com a base melancólica, os sintomas conversivos funcionam como uma forma de chamar a atenção e angariar estima. Esse amor pretendido poderia supostamente aliviar a baixa autoestima própria dos melancólicos. A mesma serventia têm as supostas tentativas de suicídio dos histéricos, normalmente fracassadas. As falsas tentativas de suicídio perpetradas pelos histéricos soem deixar sempre uma possibilidade de salvação, isso quando a própria tentativa é tão flácida que chega a atingir as raias do ridículo (como tomar comprimidos inofensivos, por exemplo, deixando o vidro à mão para ser identificado). No entanto, nada impede que o indivíduo, num fracasso total das suas defesas, possa deixar irromper o núcleo melancólico subjacente e vir a suicidar-se de fato: de qualquer forma, quem se suicida aqui é o melancólico, não o histérico. O histérico se relaciona com o meio da mesma forma que o faz em relação ao próprio corpo: o estimula e frustra, excita e proíbe. A excitação deve ser seguida de punição, a que o próprio distanciamento imposto ao objeto amado pode servir.

Kesselman adverte que "a histeria tem a ver com a melancolia e não com a esquizofrenia. Podem trazer engano as cisões ou dissociações chamadas esquizoides da consciência e do comportamento em seu conjunto. As duplas ou triplas personalidades do histérico são a representação de diferentes personagens que mascaram uma pessoa central, oculta atrás dos personagens representados, que odeia a si mesma e se sente culpada. Pode também induzir a engano a "belle indiference" histérica simulando o autismo esquizofrênico. "Porém a forma de vincular-se resolve as dúvidas diagnósticas. O histérico sempre representa para um público exterior a ele e dele espera estima e reconhecimento. O esquizofrênico se vincula com um público que o estimula desde seu próprio interior e o mundo exterior é desdenhado mais ou menos ativamente. Por isso afirmamos: a histeria de angústia ou fobia é uma defesa contra a esquizofrenia. A histeria de conversão ou caráter histérico é uma defesa contra a melancolia".

Por intermédio destas explicações, vê-se claramente a diferença entre as duas formas clássicas da histeria, ou seja, a histeria de conversão e a histeria de angústia, quando à estrutura psicótica a elas subjacente. O indivíduo melancólico tende a localizar os objetos maus dentro de si, favorecendo a colocação dos impulsos temidos dentro do próprio corpo. Já no caso do esquizoide, dada a predominância dos objetos bons dentro, desenvolve-se uma tendência à projeção do mal, possibilitando a instituição dos objetos fóbicos.

ÁREA 1

Na área das representações mentais, a defesa contra o núcleo confusional constitui um tipo de quadro caracterizado por uma capa de confusão que obnubila discretamente a lucidez em determinados setores da consciência do sujeito. Constitui a típica personagem distraída, esquecida, dos indivíduos que são pouco capazes de manter um nível de alerta para cuidarem de si próprios, tornando-se com isso pessoas simpáticas e ao mesmo tempo difíceis de lidar. Há uma flagrante dificuldade de concentrar atenção: o que na adolescência constituir-se-ia numa coisa normal, torna-se, na maturidade, uma falha imperdoável. Este tipo de pessoa costuma inspirar os anti-heróis de certas comédias, como aqueles detetives distraídos, tão simpáticos ao público, que acabam logrando êxito em suas empreitadas por puro acaso.

Contra as ansiedades provocadas pelo núcleo esquizofrênico surgem as fobias ou a histeria de angústia. O objeto mau e temido, tal como acontece na posição esquizo-paranoide, é projetado no mundo exterior, e, por intermédio do mecanismo de deslocamento, constitui o objeto fóbico, que pode ser uma coisa, um animal, um a situação, um lugar, etc. Kesselman adverte que "a fobia aparece como uma verdadeira defesa do narcisismo positivo que convém muitas vezes respeitar, sob risco de que debaixo dela ecloda uma crise de esquizofrenia. Outras formas particulares de fobia, o temor à enfermidade, a desconfiança das vísceras e a fobia de contato, já comentadas há pouco, diferenciam-se da hipocondria, tal como veremos a seguir. As defesas na área 1 contra as ansiedades provenientes do núcleo melancólico são a neurose obsessiva e a hipocondria. Kesselman escreve:

"A conduta obsessiva transparece em todo o seu acontecer a enorme desconfiança que o sujeito que dela padece sente por tudo o que lhe vem desde seu interior e se isto que vem de seu interior é uma ideia ou pensamento, configurando a típica vacilação ambivalente e esgotadora para si mesmo e para aqueles que o rodeiam. No entanto, com a dúvida, justamente o obsessivo se defende contra a angústia melancólica e superestrutura uma defesa que, sempre é um mal menor que o intento de suicídio, última carta, como dissemos, do melancólico de base".

Estes comentários merecem um adendo. Embora Kesselman defenda que a obsessividade se assenta preponderantemente sobre a melancolia, cabe lembrar o quanto ela paralelamente se associa à esquizoidia. A neurose obsessiva é *sui generis* em todos os sentidos: apesar de ser uma neurose, e, portanto constituir-se numa problemática fálica, envolve fortes aspectos pré-genitais. O neurótico obsessivo é aquele que, quando depara com a angústia edípica, vê o interditor como uma entidade tão terrível e destrutiva que, diante de um horror insuportável, recua para a organização anal, à qual se encontrava previamente fixado de maneira significativa. As motivações anais se mesclam às fantasias edípicas na conduta obsessiva. A fase anal expulsiva lhe dá subsídios para fantasias paranoides, que podem envolver a fobia; por outro lado, a fase anal retentiva, que representa o momento em que a criança passa a controlar seus impulsos para agradar ao outro, traz em seu cerne a melancolia (perceptível na atitude de angariar a estima paterna), subsidiária, por exemplo, da hipocondria. A neurose obsessiva caracteriza-se por uma forte ambivalência em todos os âmbitos: é uma neurose, mas traz fortes conteúdos pré-genitais (principalmente anais); prima por um amor e um ódio intensos pela figura paterna interditora, que vão do amor homossexual aos desejos de morte; vacila entre a ordem e a desordem, retenção e desperdício, controle e descontrole, submissão e rebeldia. Por isso, a dubiedade entre os aspectos paranoides e os aspectos melancólicos dos obsessivos podem ser debitados, como tudo mais, a esta sua qualidade intrínseca.

A hipocondria, que consiste num medo irrazoável da doença, é outra forma de defesa contra a melancolia, que muito amiúde se agrega aos quadros obsessivos. Para este último, a doença temida (comumente um câncer, ou doenças cardiovasculares) soa como uma punição contra fantasias indevidas. Desde o ponto de vista da melancolia subjacente, tratar-se-ia de uma plastificação, uma concretização corporal de todo o mal que permeia a alma. Esta é a diferença básica para o temor às doenças estabelecido pelos esquizoides: para estes, os micróbios são representações dos objetos persecutórios mais primitivos, com os quais estabelece uma relação paranoide.

QUADRO NOSOGRÁFICO
PSICOPATOLOGIA VINCULAR

ÁREAS DE PREDOMÍNIO	QUADROS CLÍNICOS		
Área 3 Relações Interpessoais	Psicopatia propriamente dita (esquizoide)	Psicopatia ambígua (confusional)	Psicopatia depressiva (melancólica)
Área 2 Corpo	Somatizações fóbicas	Somatizações confusionais	Somatizações da histeria de conversão
Área 1 Mente	Neuroses fóbicas – histeria de angústia	Personalidade distraída ou confusa	Neurose obsessiva - hipocondria
Estrutura: Núcleo Psicótico	Objetos bons (núcleo esquizofrênico)	Objetos confusos (núcleo confusional)	Objetos maus (núcleo melancólico)

Entre o soma e a psiquê.

*Não há nada no conceito de corpo que pertença à mente,
e nada na ideia de mente que pertença ao corpo.*
René Descartes

O ego é antes de tudo e principalmente um ego corporal.
Sigmund Freud

*Parece haver uma certa relação entre a capacidade geral
para o relaxamento da musculatura e para a associação livre.*
Sandor Ferenczi

*A análise do caráter liga a Psicologia do ego lá em cima com as
tensões e problemas somáticos cá em baixo... devemos assumir, de
acordo com as modernas doutrinas da Física, que todas as formas de
energia podem ser reduzidas a um denominador comum... a função
unitária que liga psiquê e soma é o caráter.*
Alexander Lowen

Antes de prosseguir, faz-se necessária uma pequena incursão pelo
campo das somatizações, a fim de assinalar qual a posição que a
abordagem apresentada neste trabalho assume sobre o problema.
Dentro da abordagem psicanalítica, podemos dividir as somatizações
em três grupos: as conversões histéricas, as conversões pré-genitais, e
as doenças psicossomáticas. As conversões histéricas e pré-genitais
compõem o grupo que Fenichel denomina de *enfermidades
histeriformes*, mas guardam entre si uma significativa diferença.

As conversões histéricas, como o próprio nome sugere, consistem
em expressões somáticas de conflitos pertinentes à fase fálica, o que
equivale a dizer que abrigam uma problemática edipiana. As alterações
das funções fisiológicas, observadas nas conversões, são expressões
de impulsos reprimidos neste estágio da organização libidinal.
Compõem-se os sintomas conversivos de principalmente paralisias,
dores, distúrbios gastrointestinais e do apetite, perturbações
respiratórias, taquicardia, tonturas, vertigens, etc. Os sintomas
conversivos não se resumem, contudo, a uma mera expressão somática
de afetos, constituindo-se antes de mais nada em representações
específicas de pensamentos, que envolvem uma ideia verbal original.
Significa que, numa conversão histérica, o fenômeno corporal expressa
um pensamento verbal em que se sustenta. Esta é invariavelmente uma
ideia clara e precisa. A febre pode simbolizar uma "febre de amor"; uma
convulsão, ligar-se à ideia de orgasmo. Uma paralisia no braço pode
querer dizer: "Paraliso meu braço para que não possa me masturbar";
um órgão convexo (como o nariz) pode representar um pênis, enquanto
que um órgão côncavo (como a boca ou o ouvido) pode expressar
fantasias sobre a vagina. A cegueira histérica pode significar uma

recusa em "ver" a cena traumática, a surdez uma recusa em ouvi-la, e assim por diante, com ilimitadas possibilidades.

As conversões histéricas, dada sua estrutura relativamente superficial, não opõem grandes dificuldades para se detectar suas origens, e mesmo para se efetuar o tratamento. Chegando à ideia original, que vulgarmente desemboca em uma cena infantil, estaremos dando o passo principal na cura do fenômeno. A remoção do sintoma, entretanto, não significa a cura da histeria, mas apenas um passo significativo nesse caminho. Já vão longe os tempos românticos em que uma pura e simples eliminação dos sintomas conversivos, como às vezes se podia obter a partir da hipnose, tinham o *status* de cura da histeria. O alvo do tratamento da histeria consiste na "relação histérica de objeto", ou seja, na forma que o indivíduo histérico tende a estabelecer seus vínculos. Falando de forma resumida, a elaboração da culpa pelo gozo, que nas neuroses invariavelmente se liga ao gozo incestuoso, com a consequente capacitação do indivíduo para o amor genital, constitui-se no elemento central da cura.

Para citar somente um exemplo, descreverei o ocorrido com uma paciente que, embora fosse extremamente responsável e assídua na análise, começou em dado momento a faltar às sessões, ou a atrasar demasiadamente. Sempre que tal coisa acontecia, justificava-se culpando o excesso de trabalho, que a obrigava a ficar circulando pela cidade em busca de contatos profissionais. A tensão, segundo ela, era tamanha que vinha prejudicando até mesmo o seu apetite e o seu estômago, provocando-lhe náuseas e ânsia de vômito.   Perguntei-lhe quando sentira pela última vez tais sintomas, obtendo como resposta que fora durante os recentes encontros com um pretendente. Por várias vezes já haviam saído para jantar e dançar, e então experimentara essas desagradáveis sensações, chegando a vomitar em uma ocasião. Indaguei qual a situação que podia recordar onde havia sentido tais sensações pela primeira vez. Respondeu-me de imediato. Quando contava com mais ou menos seis ou sete anos, fora a uma festa onde bebera grandes quantidades de guaraná. O pai proibia que ela e os irmãos consumissem qualquer tipo de refrigerante, por considerá-lo prejudicial à saúde. O resultado de seu exagero fora o mal-estar acompanhado de vômitos por todo o dia seguinte. Como informação adicional, soube que tratava-se da festa de uma prima, que se casara contra a vontade da própria mãe.

Interpretar esse material não consiste numa tarefa muito complicada. O guaraná representava o prazer interditado, proibido pela lei paterna. Consumi-lo representava cometer o delito sexual proibido, desencadeando uma punição através do mal-estar estomacal. Casar-se "contra a vontade da mãe", ato cometido pela prima, vinha a calhar para sua fantasia, representando o crime edipiano. Volvendo o olhar para o presente, a relutância em comer simbolizava uma recusa ao ato sexual, visto que a citada função ficara erotizada pela fantasia infantil. O acesso de vômito expressava a culpa e o castigo. Já há muito havia descoberto que a mãe nutria em relação a ela o projeto de que permanecesse solteira, com vistas a se tornar o esteio dos pais na velhice; além do mais, a fantasia da mãe expressava o horror desta última frente ao sexo e o casamento. Encontrar o homem amado significava, portanto, "casar-se contra a vontade da mãe", desencadeando todo o mal-estar subsequente.

O ponto-chave da interpretação, trazendo a problemática para o aqui e o agora, baseou-se num detalhe. A paciente havia declarado diversas vezes que, visando evitar qualquer momento de intimidade com seu parceiro, procurava encontrá-lo em restaurantes dançantes, e, segundo suas próprias palavras, enquanto jantavam ou dançavam não teriam oportunidade para ter um contato mais íntimo. A relação com sua atitude frente à análise era evidente: desde que começáramos a abordar a possibilidade da paciente realizar-se no amor, através desse homem por quem estava se apaixonando, não conseguira parar dentro da sala do consultório. Por "coincidência", suas sessões eram no horário do almoço: do mesmo modo que acontecia em seu cotidiano, ela encontrava-se comigo "na hora da refeição", e, ao invés de "alimentar-se" com a análise, preferia ficar "dançando" todo o tempo, ou seja, atrasando e faltando de maneira a não poder estar "a sós" comigo. Sua conduta visava evitar a oportunidade de vivenciar seus desejos com toda a intensidade, como o espaço terapêutico proporcionava.

Já as conversões pré-genitais se assentam não sobre a etapa fálica, e sim nas fases que a antecedem. Os sintomas normalmente são as úlceras e gastrites, rinites alérgicas, a colite muco-membranosa, a epilepsia, etc. Nas chamadas neuroses de conversão pré-genitais agregam-se a asma, a gagueira, os tiques, cefaleias, etc. As fantasias aqui contidas, mais regressivas, não são imediatamente traduzíveis ao nível verbal, configurando seu tratamento como mais sutil e complicado. Agregam-se comumente ao quadro obsessivo, envolvendo fantasias de identificação e agressão à figura paterna do mesmo sexo. Uma diferença interessante entre a conversão histérica e a conversão pré-genital é que a primeira liga-se ao sistema nervoso central e periférico, enquanto que a segunda se associa ao sistema neurovegetativo. Não é difícil compreender o porquê, uma vez que a conversão histérica, devido ao caráter mais "superficial" de suas fantasias, relaciona-se com os movimentos voluntários.

Quanto às doenças psicossomáticas, Fenichel escreve: "Nem todas as alterações somáticas de índole psicogênica merecem o nome de conversões, visto que nem todas traduzem fantasias específicas para uma linguagem 'corporal'. Há atitudes instintivas inconscientes que influenciam as funções orgânicas também de maneira fisiológica sem que as alterações tenham qualquer significado psíquico definido... Entre a esfera dos distúrbios orgânicos de origem mecânica, física e química e o terreno da conversão, amplo campo se estende de alterações funcionais e até anatômicas, que se pretende abranger na expressão psicossomática. A expressão moderna 'psicossomática' tem a desvantagem de sugerir dualismo que não existe. Toda doença é psicossomática, visto não haver doença 'somática' inteiramente livre de influência 'psíquica' - um acidente pode ter ocorrido por motivos psicogênicos, e tanto a resistência contra as infecções quanto todas as funções vitais são incessantemente influenciadas pelo estado emocional do organismo - e até a mais 'psíquica' das conversões pode-se basear em facilitação puramente 'somática" [16].

Fenichel toca num ponto nevrálgico ao questionar a concepção dualista, predominante hoje em dia, sobre as doenças. A medicina, especialmente nos Estados Unidos, tem se dedicado a buscar "causas" somáticas das chamadas doenças psíquicas; recentemente, têm-se descoberto dados de interesse sobre a esquizofrenia através de um estudo detalhado do cérebro. Em que pese a importância de tais descobertas para o desenvolvimento de remédios, a intenção oculta de subordinar todas as problemáticas psicológicas ao âmbito fisiológico é evidente.

René Descartes é o patrono da concepção dualista que hoje se professa não só no âmbito científico, mas no pensamento cotidiano. Para o citado filósofo, a natureza dividia-se em dois reinos separados e independentes: o da mente (res cogitans) e o da matéria (res extensa). A divisão fundamental entre mente e matéria é responsável pelo dualismo que impregna todos os setores da investigação científica, inclusive a medicina. A derrocada da concepção de que as doenças se dividem em doenças de natureza fisiológica ou psicossomática se deverá não à experimentação médica, mas antes de mais nada a uma profunda revisão filosófica que seremos mais cedo ou mais tarde obrigados a efetuar. Quanto mais cedo questionarmos a concepção dualista, mais cedo nos libertaremos de suas amarras.

A Física Quântica já há muito derrubou a ideia de que o fenômeno possa ser apartado da mente humana. Mesmo o mundo que existe "fora" de nós mesmos depende da mente que o observa, como no caso dos elétrons que, para assumir a condição de partículas ou de ondas, necessitam do olhar do experimentador. Diante de descobertas tão abrangentes, só se poderá duvidar da ligação entre mente e corpo por razões puramente emocionais. Não parece difícil acontecer que os médicos das gerações futuras venham a rir da ingenuidade de seus colegas do século vinte, por dividirem as doenças entre fisiológicas e psicossomáticas. Porém, não se trata de acreditar que as doenças corporais sejam "causadas" por problemas emocionais: esta ideia comporta igualmente o vírus cartesiano, centralizado na relação causal entre os fenômenos. Trata-se de que toda problemática dita psíquica possui sua inscrição corporal, e toda problemática corporal tem sua devida inscrição psíquica. Aqui se incluem as doenças "causadas" por vírus e bactérias, cuja ocorrência depende do grau de suscetibilidade do sujeito, por sua vez ligado a seu momento interno. Uma perturbação na saúde do indivíduo é como uma moeda que tem duas faces, onde o sintoma constitui-se simplesmente na face exposta da mesma. A diferença a se estabelecer entre as diversas classes de "somatizações", vale dizer, nas diversas formas de inscrição corporal das doenças, se estabelecerá no nível em que a mesma se enraizará no inconsciente. A diferença entre a conversão histérica, a conversão pré-genital e a chamada doença psicossomática está na profundidade, no grau de regressividade do sintoma observado. Na atividade clínica, podemos invariavelmente, ainda que com maior ou menor dificuldade, detectar o significado simbólico de cada doença contraída pelo paciente: o sucesso ou fracasso dessa empreitada não depende da natureza básica das doenças, mas da competência do analista. Assim sendo, enfermidades histeriformes tais quais as *patoneuroses*, descritas por Ferenczi como transtornos psicológicos que se estabelecem sobre um órgão previamente enfermo, ficam totalmente desprovidas de significado.

Todas essas ideias exigem uma revisão não apenas no conceito de doença psíquica, mas no conceito de doença propriamente dita. A abordagem aqui professada sugere que, longe de se constituir numa problemática isolada ou num mero acidente, qualquer doença traz em si mesma um significado cuja detecção deveria fazer parte da proposta da medicina e da Psicologia, tanto no caso das doenças individuais quanto no das doenças epidêmicas. Somente para exemplificar, caber-nos-ia perguntar o significado do surgimento da aids em nossa cultura: associá-la ao movimento de liberação sexual dos últimos anos como algo não suficientemente elaborado, de maneira que a culpa inconsciente produza uma punição adequada pode ser uma sugestão, mas seguramente não a única.

As doenças "culturais", ou seja, aquelas próprias de cada grupo social e cultural (no nosso caso, o sarampo, a catapora, a caxumba, etc.), parecem ter, além do papel de meros transtornos na vida das pessoas, principalmente na infância, o significado de verdadeiras entronizações do sujeito na cultura à qual pertence. Um indivíduo que se "recuse" inconscientemente a assimilar a carga cultural representada nessas doenças ancestrais que um dia já fizeram o papel hoje desempenhado pela aids, deverá pagar por isso um determinado preço. Os sujeitos esquizoides, por exemplo, costumam apresentar um sistema imunológico forte (a típica "saúde de ferro"), ao contrário dos melancólicos que tendem, em estados depressivos, a baixar a resistência imunológica e contrair infecções. No entanto, isso em princípio não significa algo positivo, visto que expressa a tendência dos primeiros a fecharem-se dentro de si mesmos. Tampouco lhes confere maior perspectiva de longevidade, visto que podem se constituir em vítimas de síncopes ou ataques fulminantes. Os autistas, dramáticos exemplos do tipo esquizoide, podem passar incólumes por todas as doenças infantis, e isso não é mais que uma expressão da sua recusa em participar da realidade externa, e do contexto cultural que os gerou. Sua suposta saúde, portanto, revela antes de mais nada a sua alienação ao meio externo, que os impede de se engajar no seio da cultura, e dela participar. Certa vez, ouvi de um dentista especializado na biocibernética bucal uma ideia bastante ilustrativa desta forma de pensamento. Em uma conversa informal, disse-me que não confiava nas boas condições psicológicas de alguém que apresentasse uma dentição perfeita: em seu ver, o indivíduo, para participar de uma cultura tão desestruturante como a nossa, deveria obrigatoriamente apresentar marcas referentes a isso, que deveriam estar representadas, tanto quanto nas demais áreas, em um relativo prejuízo da própria arcada dentária. A ideia não é complicada. Todos nós, ao ingressar em nossa cultura, precisamos pagar um preço para tal. No nível psíquico, temos a neurose - no sentido da renúncia aos próprios instintos - como condição *sine qua non* para se viver na cultura; no nível corporal, teremos as doenças ligadas a essa mesma cultura, que funcionam como marcas iniciáticas, verdadeiras "senhas" para nossa admissão.

Estrutura e posição.

Uma partícula elementar não é uma entidade não analisável que tenha existência independente. É, em essência, um conjunto de relações que se estendem a outras coisas.

Henry Stapp

O mundo apresenta-se, pois, como um complicado tecido de eventos, no qual conexões de diferentes espécies se combinam, e desse modo determinam a contextura do todo.

Werner Heisenberg

Poderíamos efetuar um resumo das características relativas a estes três núcleos psicóticos de base, mostrando suas principais qualidades, positivas ou negativas, observáveis em suas respectivas personalidades. O indivíduo confusional tem como características uma virtual incapacidade de distinção entre o bem e o mal, a conduta ambígua e controvertida, e a confusão dos papéis nas relações que estabelece. Induz, ainda que inadvertidamente, os outros a atuar sua própria confusão. Acrescente-se a dispersividade, a distração, a dificuldade de concentração e de expressão das ideias, a agressividade repentina e incontida, a epilepsia. A falta de uma compreensão sobre o significado de seus atos pode vir a ser flagrante, chegando a espantar um interlocutor desavisado. Talvez sua maior qualidade constitua-se na capacidade de desligar-se a ponto de não sofrer demasiadamente com os reveses da vida; tende a "levar na flauta" as contrariedades, como se não pudesse aferir o seu real significado.

O esquizoide tem como características fundamentais a frieza, a atenção extremamente aguçada, uma agressividade impiedosa, a incapacidade de autocrítica, a tendência a levar a melhor nas relações que estabelece, a ausência de compaixão ou remorso, a capacidade de sedução, de liderança e habilidade de fazer valer seus pontos de vista. Tem uma dificuldade de estabelecer vínculos sólidos e estáveis, de maneira que, na área amorosa, pode conduzir a relação com enorme ímpeto, para em seguida, repentinamente, desaparecer de forma tão fugaz quanto surgiu. Nutre uma imagem de si mesmo como sendo extremamente terno e carinhoso, o que normalmente não chega a corresponder à realidade. A tendência a externalizar ou atuar os sentimentos grupais ou familiares deriva da atitude de alerta que mantém em relação ao meio, visto que o meio externo é percebido como ameaçador.

Temos como exemplo a sensibilidade aguçada dos esquizofrênicos, que denunciam com palavras e atos o inconsciente familiar, ou certos tipos de "mediunidade". Pode desenvolver uma rígida concepção de moral, muitas vezes não praticada quando referente a si mesmo. Os traços paranoides conferem-lhe ideias racistas e preconceitos arraigados, e uma concepção alterada de autoridade, tendendo a centralizar o poder de forma ditatorial. A paranoia, aliada a algum carisma, pode conceder-lhe o dom de se constituir em líder religioso, arrastando consigo milhares de seguidores seduzidos por suas promessas; aqui, porém, não nos referimos necessariamente ao charlatão, mas ao indivíduo que realmente acredita em suas próprias ideias e visões. Pode trazer também fobias ou ideias persecutórias, tanto mais delirantes quanto o for a gravidade do quadro. Ao discorrer sobre paranoia, costumo brincar com meus alunos ao citar uma frase como uma síntese jocosa desta problemática: "Só não fundo uma religião porque tenho medo de ser seguido!" Esta frase reúne habilmente a megalomania e a persecutoriedade presentes na paranoia. No mais, o indivíduo esquizoide pode demonstrar forte atração pelas ciências exatas, e uma grande facilidade de lidar com peças e máquinas (onde as peças e maquinários são uma imagem do próprio ego fragmentado). Quanto ao corpo, predomina uma grande energia, a beleza física unida a um ar de frieza, e o tipo longilíneo.

O melancólico tem como características o pessimismo, o sentimento de inferioridade, a baixa autoestima, a autopiedade, e uma tendência à autoacusação exacerbada. A imagem pouco abonadora que nutre acerca de si mesmo torna-o facilmente suscetível à inveja. Necessita constantemente da confirmação do amor do outro, sente-se facilmente rejeitado, o que lhe permite concluir que se constitui num indivíduo de muito pouco valor. Uma diferença básica entre o esquizoide e o melancólico é a atitude frente ao objeto ausente: enquanto o primeiro vê a ausência do objeto como um ato persecutório, o segundo enxerga um atestado de seu desvalor ("não tive capacidade de me fazer amar!"). Julga-se pouco merecedor do amor que dispõe. Sobre este sentimento, a melhor frase é a de Groucho Marx: "Jamais entraria para um clube que me aceitasse como sócio!"'. Carrega a fantasia de ser tão intrinsecamente mau que pode contaminar a quem dele se aproximar, de onde a ideia de estar continuamente prejudicando a pessoa amada simplesmente por dela estar próximo. A tendência ao humor é flagrante, principalmente quando se trata de zombar de si próprio, daí a grande vocação dos melancólicos para serem comediantes, no inconfundível estilo de Woody Allen. Costuma chamar a si a responsabilidade por aquilo que dá errado: quando é abandonado, prefere pensar que teria falhado em algo do que atribuir ao outro a responsabilidade do fato. Ao contrário do esquizoide que prima pela antipatia e a indiferença (ou ainda por uma simpatia artificial), costuma ser extremamente simpático para angariar amor, e pode tornar-se aquela pessoa eternamente acelerada que anima as reuniões, mas que não deixa escapar a um observador mais atento uma tristeza íntima permanente. Inclusive, adora ser desmascarado neste aspecto, se isso lhe render algum afeto adicional. É capaz de sentir compaixão, que, como a própria palavra diz, as mais das vezes deriva de uma pura e simples identificação com a dor do outro. O aspecto físico, embora não necessariamente, aponta para o tipo gordo, simpático e bonachão.

Entretanto, não se deve pensar que as pessoas detenham estes quadros de forma fixa e invariável: algumas pessoas podem ter uma estrutura mais arraigada que permeia toda sua vida. Outras, porém, podem desenvolver diferentes quadros em diferentes vínculos (por exemplo, melancólico na relação familiar e esquizoide na vida fora dela). Também pode-se mudar de quadro durante a vida, como ser uma coisa na infância e outra na vida adulta. Devemos observar também as diferenças entre a estrutura familiar e a individual, que podem nos ensinar muito. O quadro individual compõe-se com o do grupo familiar, estabelecendo uma dinâmica com ele; a percepção dessa dinâmica torna-se muito útil para o trabalho analítico.

A estratégia de cura segue uma lógica bastante coerente, que parte da mobilização das estruturas de base, ao mesmo passo que se trabalha a superestrutura que o recobre. Do ponto de vista dos núcleos psicóticos, despertar a persecutoriedade, diferenciando-a dos sentimentos positivos no indivíduo confusional vale como o início da discriminação dos objetos; o surgimento de uma autocrítica lúcida e de sentimentos depressivos é necessário no tratamento da esquizoidia; reverter a agressividade para fora, associando-a ao objeto perdido é o indicado no tratamento de um melancólico. A evolução dos quadros patológicos, por sua vez, também se apresenta mais clara. Desse modo, as psicoses e perversões, ao evoluir em direção à cura, deverão transformar-se em neuroses, afinadas com a estrutura de base. Outra ilustração: num tratamento bem-sucedido, um neurótico obsessivo pode apresentar evolução para a histeria; no caso de tender para um quadro fóbico, equivalerá a uma piora.

A intervenção psicanalítica se enriquece sobremaneira quando consideramos a problemática vincular. Se a Psicologia comportamental preocupa-se com *o que* o indivíduo faz, a Psicanálise visa compreender *por que ele faz*, a psicopatologia vincular ensina-nos a compreender *"desde que lugar" ele o faz*, postura que amplia em muito os horizontes na compreensão e no tratamento dos diversos quadros clínicos.

Para compreender essa questão do "lugar" desde o qual se atua, pensemos, por exemplo, em uma pessoa histérica que, como é próprio do quadro, seduza para depois repelir o objeto desejado. Desde a histeria, ela repele o outro por causa da culpa edípica que permeia as suas relações de amor; ela não pode possuí-lo porque esta posse representaria a realização do amor incestuoso pela fantasia. Entretanto, esta pode não consistir na única motivação: se sua estrutura for esquizoide, o afastamento do outro estará também a serviço da sua pouca capacidade de estabelecer vínculos sólidos e estáveis. Tratando-se de um melancólico, ele afastará o outro porque teme que seja descoberto o seu conteúdo interno, pressentido como basicamente mau; neste último caso, além do medo de decepcionar o objeto amado, o sujeito o repelirá para não contaminá-lo com a sua "sujeira" interior.

Um obsessivo que tenha queixas hipocondríacas vê, desde sua neurose, a suposta doença como uma vingança paterna frente a seus desejos edipianos condenáveis; desde uma melancolia subjacente, no entanto, a doença consiste numa cristalização no corpo de todo o mal que lhe vai na alma. Trata-se de um retorno para dentro da agressividade originalmente dirigida ao objeto amado ausente. A interpretação analítica, conforme a ocasião, pode enfocar uma das perspectivas da atuação do paciente, ou todas elas a um só tempo, dependendo do que se estiver trabalhando naquele estágio, ou das circunstâncias do momento. Assim procedendo, obteremos uma eficiência muito maior no tratamento, tanto na rapidez da evolução do quadro quanto na profundidade.

Outra possibilidade muito importante que nos contempla este enfoque é a de se diferenciar com muito mais propriedade certos sintomas que, do ponto de vista médico, podem se confundir. Um exemplo é o da fobia. Podemos encontrá-la tanto na histeria de angústia quanto na neurose obsessiva, ou nas psicoses referentes à estrutura esquizo-paranoide. Na histeria de angústia, a fobia provém da projeção do impulso sexual condenável para o mundo externo, e pelo seu deslocamento para o objeto temido, que por alguma associação inconsciente estará ligado ao desejo censurável. Na neurose obsessiva, o objeto temido representará antes de tudo a vingança paterna contra o desejo edípico. Aliás, esta se constitui numa diferença importante entre a histeria e a neurose obsessiva: enquanto a primeira envolve principalmente uma preocupação em negar o desejo incestuoso, a obsessividade concentra-se no medo da justiça taliônica. Nas fobias observadas em certos psicóticos, como os esquizofrênicos, o objeto temido assume contornos muito mais primitivos: os perseguidores serão "fragmentos" tais como seios ou fezes, como acontece nas fantasias dos bebês. A relação destes últimos com o objeto temido é muito mais delirante e regressiva. Não obstante, todas as fobias diferenciam-se antes no grau que na natureza, pois todas partem do mecanismo de projeção dos objetos maus, que passam a perseguir o sujeito desde fora. Como ilustração, se utilizássemos uma linguagem musical, diríamos que a fobia, presente nesses diferentes quadros, faz o papel uma mesma nota tocada em diferentes oitavas, representadas pelos diferentes níveis da organização libidinal.

Uma diferença digna de menção entre esta abordagem e a efetuada pelos psicanalistas ortodoxos é que a saúde mental não consiste na ausência, mas na fluidez dos quadros psicopatológicos. Aspectos confusionais podem conferir ao sujeito uma certa leveza frente aos reveses e aos males do mundo; traços esquizoides proporcionam a capacidade de desconfiança, e uma atitude vigilante para com os possíveis perigos advindos do mundo externo, atitudes adequadas para a própria preservação e a dos próprios interesses; traços melancólicos, por sua vez, trazem a afetividade, a empatia, a capacidade de vínculos intensos e profundos, o altruísmo e a compaixão. A diferença entre o sujeito estabelecer uma relação doentia ou mais saudável com sua estrutura de base reside, em última análise, no fato de que os objetos internos e externos serão diferenciados como bons ou maus, independentemente de seu predomínio fora ou dentro, mas não mais como onipotentemente bons ou maus. O grau de sanidade, dessa forma, estará condicionado principalmente ao nível de elaboração na representação dos objetos, e de seu compromisso com a realidade.

Após estes comentários, resta-nos associar os conceitos aqui expostos com o quadro elaborado por Abraham, apresentado algumas páginas atrás. Uma observação atenta no mesmo nos mostrará que, em cada estágio do desenvolvimento libidinal, dividido em uma fase inicial e outra posterior, alternar-se-ão as posições esquizo-paranoide e depressiva [17]. Na fase oral de sucção predomina a posição esquizo-paranoide, de onde advém a esquizofrenia; a oral canibalística, por sua vez, relaciona-se aos transtornos maníaco-depressivos, que como já vimos se estruturam sobre a melancolia. A fase anal expulsiva associa-se à paranoia, enquanto que a retentiva embasa a neurose obsessiva, esta última uma defesa contra a melancolia. Levando adiante este mesmo raciocínio, poderemos dividir a fase fálica em duas, associando a histeria de angústia à posição esquizo-paranoide, e a de conversão à posição depressiva, esta última relacionada à melancolia. A fase genital propriamente dita consiste numa elaboração da problemática fálica, trazendo consigo a capacidade de amar de forma madura, livre da culpa edípica característica das neuroses. Com base nessas ideias, teremos que as posições descritas por Melanie Klein não se restringem, como se poderia pensar, a um único momento na vida do sujeito, mas tendem a se alternar por toda a trajetória do desenvolvimento libidinal. Um sujeito que apresente uma predominância a assumir determinada posição, porém, tenderá a se estabelecer mais nas polaridades a ela referentes no decorrer de seu desenvolvimento psíquico.

Não é difícil estabelecer a relação entre os conceitos básicos da psicopatologia vincular e a Teoria Quântica, que mostra o mundo em dependência com a posição do observador. Como assinala Capra, "O aspecto dinâmico da matéria manifesta-se na Teoria Quântica como consequência da natureza ondulatória das partículas subatômicas, e é ainda mais central na teoria da relatividade, a qual nos mostrou que o ser da matéria não pode ser separado de sua atividade. *As propriedades de seus modelos básicos, as partículas subatômicas, só podem ser entendidas num contexto dinâmico, em termos de movimento, interação e transformação"* [18].

A leitura correspondente no mundo da psicopatologia consiste na de que é impossível conceber o diagnóstico de um sujeito sem se considerar sua forma de se vincular aos objetos. Assim como não podemos falar de "uma partícula em si mesma", não podemos referir-nos a um indivíduo isolado: o que vai lhe conferir uma identidade será uma atitude básica frente ao mundo, e sua forma básica de vinculação em relação a ele. Isto nos leva a uma série de conclusões, tais como a importância da Psicologia familiar e do grupo social como forma de compreender a psicopatologia individual, e a consideração da dinâmica da inter-relação entre o sujeito e o meio que o circunda. Não por coincidência, este é o ponto de vista defendido por Pichón-Riviere em sua teoria do vínculo. No tratamento psicanalítico, reafirma a importância central da transferência e da contratransferência para o diagnóstico e a cura. O paciente somente poderá ser diagnosticado e tratado enquanto estiver se vinculando a um objeto, que no consultório será representado pelo próprio terapeuta [19].

Mais do que isso, tais conceitos nos permitem conceber o objeto de tratamento psicanalítico não como o paciente, mas como *o espaço virtual existente entre analista e paciente, ou seja, o vínculo, como unidade irredutível para análise.* A díada analista-paciente forma uma entidade que não pode ser diferenciada e separada, diluindo-se numa dinâmica onde a identidade individual tem importância apenas subjetiva. Desse modo, como iremos discutir oportunamente, fica obsoleta a suposta isenção apregoada pela ortodoxia psicanalítica, da mesma forma que o conceito de observador isento desmoronou na Física Quântica. Algumas consequências desta maneira de pensar, aqui expostas de maneira tão sucinta que poderiam gerar equívocos na sua interpretação, poderão ser melhor analisadas a partir do capítulo seguinte, onde estudaremos a transferência e suas propriedades.

CAPÍTULO III

DAS ONDAS DE PROBABILIDADE

AO PROBLEMA DA TRANSFERÊNCIA

Vi um amálgama de fatos desconexos tornar-se um encadeado coerente... "Mas é verdade", disse para comigo. "É muito belo. E é verdade!"

C.P. Snow

Onda de probabilidade e fenômeno.

No nível subatômico, a matéria não existe com certeza em lugares definidos; em vez disso, mostra "tendências para existir", e os eventos atômicos não ocorrem com certeza em tempos definidos e de maneiras definidas, mas antes demonstram "tendências para ocorrer".

Fritjof Capra

"Sem a menor dúvida, a esta altura da partida, podemos afirmar que a equipe brasileira vem consolidando sua superioridade diante do adversário, faltando somente a tranquilidade necessária para traduzi-la em gols, alcançando assim merecida vitória". Ao ouvir esta frase pela televisão, durante um jogo da seleção brasileira de futebol, não me passou desapercebido o significado "quântico" que ela encerrava em suas entrelinhas. "Traduzir em gols" uma superioridade posicional, dinâmica, equivale a tornar concreta uma vantagem meramente subjetiva. Denuncia apenas uma probabilidade, uma "tendência para ocorrer", de um evento cuja efetivação jamais pode ser tida como certa, apenas como muito provável. O locutor esportivo, ao definir assim a situação do jogo, expressou a relação existente entre onda e partícula. A "onda" consistia na superioridade dinâmica de um time sobre o outro, etérea e impalpável, que talvez nunca viesse a ganhar a consistência necessária para tornar-se "partícula", representada pelo gol. A equipe em situação superior nada poderia fazer realmente, a não ser manter sua fluida e relativa vantagem, esperando que em dado momento essa mesma vantagem "decidisse" por conta própria materializar-se sob a forma de uma bola nas redes adversárias. Embora tais considerações pareçam consistir num simples jogo de palavras, a verdade é bem outra, que poderíamos resumir da seguinte maneira: o gol em si mesmo não é a causa da vitória, mas o efeito da concretização de uma "onda" imponderável de probabilidade, gerada por uma diferença dinâmica entre as duas equipes.

Em todas as áreas da atividade humana se conhece, ainda que não se tenha efetuado sobre isso um *insight* adequado, esse "efeito onda" que acabamos de descrever, cujas leis superam em muito os limites da fria estatística. Existem muitos outros fatores além da pura e simples probabilidade matemática que determinam a ocorrência de um evento, que pode ser absolutamente inesperado, como no caso que a equipe tecnicamente superior viesse a ser derrotada no final do jogo. Estas últimas ideias, entretanto, discutiremos em ocasião mais propícia, dedicando-nos por agora a tentar trazer para a dimensão do cotidiano a noção de onda tal como a utilizaremos em nossas próximas discussões.

Todos os médicos provavelmente já ouviram um dia falar, na faculdade ou no hospital onde fizeram residência, sobre a famigerada *Lei de Velpeau*. Esta conhecida "lei" afirma que, quando acontece algum caso clínico mais ou menos raro, a tendência de eventos equivalentes ocorrerem nos próximos dias é flagrante, ainda que inexplicável, pois os casos normalmente não apresentam relação alguma entre si (o que aconteceria no caso de uma epidemia, por exemplo). Para ilustrar, pensemos num ortopedista que depare com um tipo de fratura difícil de ocorrer, e em seguida com mais uma, duas ou mais ocorrências semelhantes no espaço de uma semana ou um mês.

Esse mesmo fenômeno é conhecido pelos pilotos que, devido à convivência cotidiana com os acidentes aéreos, sabem que quando um avião cai é muito provável que muitos outros caiam na mesma época. Quando atravessam esses períodos, costumam dizer que "a bruxa está solta" nos céus, sendo conveniente tomar um cuidado extra ao pilotar. As pessoas familiarizadas com o carteado, por sua vez, conhecem perfeitamente o significado de "uma boa mão", isto é, a tendência por determinado período, em uma sessão de baralho, das cartas a elas distribuídas apresentarem seguidas combinações favoráveis, sem que para isso haja qualquer explicação razoável. As pessoas em geral também conhecem os dias de azar onde muitas coisas, sem ligação aparente entre si, parecem dar sistematicamente errado, por mais que se tente evitá-lo. Por outro lado, quem já não viveu a experiência de, logo após ouvir falar de uma pessoa ou assunto até então absolutamente desconhecido, passar a reencontrá-lo sistematicamente onde quer que vá? Da mesma forma, os policiais conhecem o fenômeno chamado de "onda de crimes" que pode assolar a cidade por determinado período, mesmo que o aumento das ocorrências não se deva a nenhum fator concreto. A moda não foge à regra: em determinadas épocas, como se diz, "a onda" é usar determinado adereço, cuja obstinação em utilizá-lo desaparece tão repentina e inexplicavelmente quanto surgiu.

Mesmo os profissionais de consultório, como médicos, psicólogos ou dentistas, podem observar um fenômeno interessante quanto à procura de pacientes. Pode-se passar dias ou semanas sem um único telefonema de um novo paciente, ao passo que dificilmente somos procurados por uma só pessoa quando isso acontece, como se elas estivessem organizadas entre si como uma única onda. Alguns exemplos brotam do cotidiano mais comum. Certa vez, ao almoçar com um grande grupo de pessoas em uma longa mesa de restaurante, observei uma notável coincidência: a região da mesa logo à minha direita, um espaço de mais ou menos três metros, registrou nada mais nada menos do que cinco acidentes provocados pelos garçons. Estes, numa verdadeira exibição de comédia pastelão, revezavam-se numa orgia de vexames: derramaram refrigerante sobre a toalha, deixaram cair uma bandeja no chão, chegando mesmo a derrubar um pequeno bolo no colo de uma pessoa instalada à ponta da mesa.

Alguém poderia atribuir a sucessão de incidentes ao fato dos garçons serem totalmente despreparados para suas funções, o que é realmente inegável: porém, como explicar a flagrante "tendência para ocorrer" do mesmo tipo de acidentes sempre na mesma região do espaço? Tive o cuidado de observar que absolutamente todos os incidentes aconteceram no mesmo local, protagonizados por personagens diferentes: o restaurante era do tipo rodízio, fator responsável pelo constante movimento dos garçons, que no caso se revezavam para atender cerca de cinquenta pessoas somente do nosso grupo. Por outro lado, nenhum dos participantes do almoço colaborara com algum dos inúmeros incidentes, nem o local apresentava características físicas que favorecessem os acidentes.

Essa "coincidência espaço-temporal" entre os eventos parece ser conhecida dos parapsicólogos, embora estes ainda, lamentavelmente, trabalhem com fenômenos tão sutis utilizando a superada abordagem cartesiana. Em uma palestra sobre Parapsicologia, o conferencista afirmou que, muitas vezes, ao pedir que o público pense, por exemplo, em qualquer cor, existe uma tendência a se pensar nas mesmas cores em regiões determinadas da plateia. De igual modo, outra interessante experiência sobre comportamento grupal que qualquer um pode executar sem dificuldade, é a de participar de mais de uma sessão de um mesmo filme. Uma pessoa observadora e com boa memória perceberá que, diante das mesmas cenas, a plateia se comportará de modo diferente de uma sessão para a outra: às vezes, uma cena em que o público reagiu com muitas gargalhadas na sessão das duas, provocará apenas uns tímidos risos na sessão das quatro, como se uma alma coletiva norteasse as suas reações. Enfim, os exemplos serão inúmeros, e creio que pessoas ligadas a todos os âmbitos da atividade humana, se pensarem um pouco, poderão apresentar testemunhos de maneira a confirmar o fenômeno aqui descrito nos poucos exemplos acima.

Mesmo no nível da percepção visual teremos possibilidade de intuir a relação entre corpúsculo e onda. Quem nunca observou a aparência de onda que uma grande quantidade de objetos em movimento pode adquirir? Quando, num filme épico, imensas hostes guerreiras saem para o ataque no campo de batalha, como evitar ver a forma ondulada adquirida por elas? O que dizer, por exemplo, de uma nuvem de insetos, como os gafanhotos, quando vistas de longe? E da *ola* (onda), aquele belo espetáculo que as torcidas proporcionam nos estádios, nos quais a multidão ao se levantar em conjunto assemelha-se a uma vaga gigantesca?

Não menos interessante é subir num prédio alto, e observar como a corrente de tráfego se comporta tal qual um fluido numa canaleta: ao encontrar um obstáculo (como um veículo estacionado em fila dupla), os carros dele desviam como a água de um rio desvia de uma pedra encostada à margem. Estas considerações visam antes de qualquer coisa demonstrar a semelhança que um grupo de partículas apresenta com uma onda no que tange às suas propriedades. O que chamo aqui de "partícula" pode ser entendido inclusive como "evento", o que nos permite associar um grupo de eventos a uma onda. Esta relação traz mais implicações do que se possa imaginar a princípio, como por exemplo, a de que assim como as diversas partículas estabelecem entre si uma relação dinâmica, assumindo um padrão global de comportamento, o mesmo podemos afirmar dos eventos que ocorrem em onda! Em outras palavras, os diversos casos semelhantes verificados pelo médico, ou as boas cartas recebidas pelo jogador num certo período de tempo, *atraem-se mutuamente, por uma força desconhecida, como os diversos átomos o fazem em uma molécula!* "Dinheiro atrai dinheiro", diz a consciência popular, referindo-se à sorte com as finanças normalmente verificada nas pessoas mais ricas. No entanto, esta lei vale para toda a espécie de fenômenos: sorte atrai sorte, azar atrai azar, violência atrai violência, pensamentos otimistas atraem sucesso, ideias pessimistas atraem maus resultados. Os cultivadores da doutrina do "pensamento positivo" sabem disso melhor do que ninguém.

Embora possa parecer o contrário, não há nada aqui que se possa classificar de anticientífico. Como para a teoria da relatividade o tempo se constitui numa quarta dimensão do espaço, talvez não fosse por demais ousado pensar que eventos próximos no tempo comportam-se da mesma forma que os corpos próximos no espaço: intimamente interconectados, atraem-se de forma "gravitacional", influenciando-se e condicionando-se mutuamente.[20]

A melhor forma de conceber visualmente esta ideia será aproveitarmos a imagem sobre o universo feita por Einstein quando se propôs a explicar a gravitação. Reduzindo o espaço a um plano de duas dimensões, teremos uma "rede espacial" sobre a qual se assentam os corpos celestes. Onde os corpos ou planetas se colocam, vê-se uma depressão na tela, o que equivale a dizer que o espaço se encurva. Desse modo, fica fácil concebermos a queda de um corpo no campo gravitacional do planeta como uma esfera que, aproximando-se da depressão provocada pela massa planetária, vem a cair dentro dela como um objeto qualquer entra pelo ralo de uma pia. O mesmo efeito poderia ser conseguido por um agrupamento de corpos celestes, como um grupo de asteroides, estrelas duplas ou mesmos constelações e galáxias. Para um observador distante, vários corpos muito próximos comportam-se de forma semelhante a um único corpo de massa equivalente.

Acompanhando o tipo de filosofia que vimos professando neste trabalho, em que se privilegia a importância do "lugar da coisa" em relação ao fenômeno ou à "coisa em si", poderíamos pensar no lugar onde se acumula matéria (um planeta, por exemplo) *como preexistente e determinante desse mesmo objeto.* A matéria, como uma forma particular de energia em baixa frequência, sob esta perspectiva, "tenderá a ocorrer" em zonas predeterminadas por leis que transcendem as da mecânica formal newtoniana [21].

Um exemplo extraído do mundo subatômico, que o próprio Einstein, atônito, chegou a classificar como um "milagre", poderá servir de ilustração. O conceito de salto quântico foi criado por Niels Bohr em 1913, e preconiza que dentro de um átomo existem "zonas proibidas" onde os elétrons não podem permanecer e, segundo algumas interpretações, nem sequer atravessar. Para os elétrons, na configuração de suas órbitas ao redor do núcleo atômico, as regiões proibidas pareciam simplesmente não existir, o que ocasionou grande mal-estar na comunidade científica da época. Quando, estimulados em laboratório, trocavam de órbita, eles podiam saltar de uma faixa mais distante para outra mais próxima, mas não podiam ocupar diversas órbitas intermediárias. Ao atuar dessa forma, emitiam um pacote inteiro de energia - nunca menos de certa quantidade definida, desde então chamada *quantum* de energia. Para deixar bem claro, não se trata de que o elétron viaje de uma órbita para a outra nos moldes convencionais: é como se simplesmente ele deixasse de existir por um irrisório lapso de tempo, até ser recriado na órbita correta, como se tivesse viajado num daqueles teletransportadores mostrados nos filmes de ficção científica.

Nos anos 20, Schrödinger comparou as órbitas dos elétrons às ondas sonoras que compõem as notas musicais. A noção dos elétrons como ondas adveio de experiências nas quais um feixe de elétrons atravessava um cristal e se espalhava mais ou menos como a luz ao formar um arco-íris. O físico francês Louis De Broglie relacionou o comprimento dessas inesperadas ondas com a velocidade dos elétrons, mostrando que elétrons em alta velocidade se comportam como ondas curtas e elétrons em baixa velocidade, como ondas longas. Assim, tornou-se possível entender a velocidade, conceito próprio dos movimentos mecânicos, como um traço típico dos fenômenos ondulatórios, o comprimento de onda.

Partindo destas ideias, Schrödinger criou a imagem musical do átomo, desvendando o enigma das órbitas proibidas. Dessa forma, analogamente ao fenômeno musical, o elétron só gira onde a órbita lhe permite formar ondas inteiras, excluindo as órbitas que, para ser completadas, equivaleriam a uma fração de onda. Estavam fundadas as bases de uma nova teoria física, chamada Mecânica Quântica, caracterizada pela introdução do conceito de onda de maneira tão fundamental quanto a noção de partícula.

Como facilmente se pode imaginar, o descobrimento de tantas coisas novas não deixou de incomodar os próprios cientistas por elas responsáveis. Erwin Schrödinger, por exemplo, certa vez explodiu: "Se for para ficar com esses malditos saltos quânticos, eu lamentarei ter perdido meu tempo com a Teoria Quântica!" Com efeito, ser obrigado a reconhecer que não somente os fenômenos, mas a própria matéria consiste na expressão de uma tendência subjetiva não deve se constituir numa tarefa agradável para ninguém. Contudo, certamente a natureza não compõe suas leis com o propósito de agradar a quem quer que seja, por maior que venha a ser sua inteligência. Quanto a nós, poderemos participar do fascínio desses insignes cientistas se efetuarmos um paralelo no campo da Psicologia, cujas implicações em nada ficarão devendo a aquelas que tiraram o sono de mentes tão privilegiadas.

Complexo e onda.

Em um enfoque intersubjetivo do complexo de Édipo, não pre-existem entidades que interagem, e sim que se constituem como entidades no próprio processo de inter-relação.
Hugo Bleichmar

No nível subatômico, as inter-relações e interações entre as partes do todo são mais fundamentais do que as próprias partes. Há movimento, mas não existem, em última análise, objetos moventes; há atividade, mas não existem atores; não há dançarinos, somente a dança.
Fritjof Capra

O termo *complexo* foi instituído por Jung e Bleuler, com quem Freud estabelecia intercâmbio científico. Para Jung, o complexo era um conjunto de ideias, carregadas de afetos, capaz de conduzir um curso associativo. Nas experiências por ele praticadas, fornecia-se uma lista de palavras ao paciente que, de forma livre e imediata, a cada uma delas agregava a primeira palavra que lhe ocorresse. A investigação analítica demonstrou que cada associação efetuada remetia à estrutura psíquica do sujeito, fornecendo-nos dados sobre a mesma. Sobre esta propriedade, comenta Freud: "Tornou-se costume nomear como complexo um conteúdo ideativo deste tipo, que é capaz de influenciar a reação à palavra-estímulo (...) Esta influência age, seja porque a palavra-estímulo toca no complexo diretamente, ou porque o complexo consegue fazer uma conexão com a palavra através de nós, intermediários". No *A Psicanálise e o Estabelecimento dos Atos nos Procedimentos Legais* (1906), escreve: "Os experimentos adquiriram seu valor pelo fato de que a reação à palavra-estímulo não podia ser uma questão de sorte, e sim que devia estar determinada por um conteúdo ideacional presente na mente do sujeito que reagia".

A maior consequência deste experimento aparentemente tão simples foi o conceito de *determinismo psíquico*, a pedra fundamental da teoria e da prática psicanalíticas. A ideia, conhecida até mesmo pelos principiantes na Psicanálise, de que todo discurso contém um significado latente, nele se baseia. A interpretação analítica somente se constitui como válida porque se assenta sobre o conceito de determinismo psíquico. Mais do que isso, como aquilo que preexiste à palavra-estímulo é que condiciona a resposta do sujeito, concluímos que as suas manifestações não dependem do estímulo, mas sim de algo que nele preexiste, ou seja, seu complexo. A princípio não é possível imaginar todas as implicações que uma proposta como esta possa abrigar. Neste momento, vale assinalar que o conceito de determinismo constitui-se, para a teoria freudiana, na sua estrutura formal, cujas repercussões se observam na análise dos sonhos, da transferência, e das produções psicopatológicas. Ilustrando essa ideia, Hugo Bleichmar organiza o seguinte esquema:

Preexistente (Complexo)	+ estímulo	= efeito
Desejo reprimido	+ restos diurnos	= sonhos
Antigas relações de objeto, fantasias, emoções reprimidas	+ pessoa do analista	= transferência
Hereditariedade, experiências infantis	+ acontecimento desencadeante	= sintoma

Como se pode perceber através do quadro acima, todas as manifestações do psiquismo estão ancoradas em um material prévio, ao qual denominamos complexo. Os estímulos dados ao sujeito constituem-se em meros fatores desencadeantes de um processo cujas bases já se encontram estabelecidas na sua história mais primitiva. Funcionam como uma fagulha que, associada a um barril de pólvora, detona uma explosão: embora seja mais fácil dizer que a faísca é a "causa" da mesma, sabemos que sem o conteúdo prévio - a pólvora - nada aconteceria. Tomemos como exemplo o item 4 para apresentarmos o surgimento de um sintoma fóbico. Pensemos em duas pessoas que, ao conversarem em plena rua, são mordidas por um mesmo cão. Enquanto uma delas com o tempo simplesmente se esquece do ocorrido, a outra desenvolve um medo exagerado desses animais, passando a alterar seu ritmo de vida para evitar encontrá-los. Por que a segunda pessoa ficou traumatizada com a experiência, enquanto para a primeira tudo não teria passado de um revés facilmente superável? A resposta se encontra no conteúdo prévio, ou seja, no "complexo" de cada um: o segundo sujeito, de algum modo, associou o animal a um objeto temido presente em seu mundo interno. através do mecanismo de defesa chamado deslocamento, passou a temer no mundo exterior a algo que anteriormente temia desde seu próprio interior. O mais importante a assinalar é que todas as classes de efeito, ou seja, os sonhos, a transferência ou a produção sintomática, somente adquirem sentido por sua conexão com o conteúdo preexistente. Chega-se a uma conclusão fundamental: em quaisquer produções do psiquismo, *o prévio é que constitui o posterior como significativo*, dando a este o sentido e a razão de ser.

Comenta Bleichmar: "Observe-se, então, que o que poderia se ver simplesmente como uma teoria de associação de ideias é algo mais, é toda uma concepção da estrutura e do funcionamento psíquico, como o evidencia o fato de que a reencontramos no sonho, na transferência e nas séries complementares da formação de sintomas. Resulta, então, que, com o termo 'complexo', o que Freud estava estabelecendo é que há algo que existe no sujeito, frente ao qual um elemento externo age, seja como um disparador que evoca, ou como algo que permite a exteriorização daquilo que lutava para se deflagrar" [22].

A partir de todo o material exposto, podemos detectar já nos pressupostos da teoria psicanalítica uma abordagem que privilegia o virtual em detrimento do factual, centralizando qualquer fenômeno psíquico em um material preexistente ao próprio. Assim sendo, nenhuma manifestação psíquica existe por si mesma e em si mesma, consistindo em mero veículo para a expressão de uma estrutura subjetiva. Mas a subjetividade da Psicanálise não se limitaria a esses conceitos emitidos em seus primórdios. Jacques Lacan, em sua releitura da obra de Freud, amplia a noção do que seja o Complexo de Édipo, centralizando-o já não só na criança, mas igualmente para a situação na qual a criança está incluída. Quando classifica o filho como o falo da mãe, ou seja, como tudo aquilo que irá completá-la, mais do que dizer o que a criança é para a mãe, ele os mostra se constituindo na relação que estabelecem entre si. Com isso, a mãe deixa de ser uma entidade em si mesma, mas alguém que se estrutura em interdependência com o filho.

Nisto consiste a diferença básica entre o enfoque interacionista freudiano e o enfoque intersubjetivo, preconizado por Lacan: no primeiro, existem entidades "reais" que se influenciam mutuamente; no segundo, *essas entidades não existem por si mesmas, e sim se constituem como tais no próprio processo da inter-relação*. Ao tratar da questão da transferência, Lacan transcende o caráter meramente projetivo da mesma, tal como a herdamos da teoria freudiana. Lacan diferencia projeção de transferência na medida em que esta última contém uma demanda. Através do movimento transferencial, o paciente estaria pedindo um reconhecimento de sua identidade imaginária. A resistência, por sua vez, seria a repetição de um estereótipo, relacionado a esta mesma demanda, uma espécie de atuação da transferência, ou uma "transferência-em-ação".

Diferentemente de Freud, que aponta no complexo de Édipo uma inclinação sexual "natural" dos filhos para com o genitor do sexo oposto, Lacan demonstra que até mesmo o impulso sexual é aprendido. A sexualidade da criança, portanto, não aparece como uma qualidade inata, mas como algo que se organiza no seio da própria estrutura edípica. Os próprios mecanismos de defesa, que na abordagem freudiana estão previamente constituídos, aparecem no Édipo Estrutural de Lacan dependendo do papel determinante que a identificação tem na sua constituição; assim, é o Édipo quem condiciona os mecanismos de defesa, e não o contrário.

Conforme já havia assinalado em um trabalho anterior [23], os papéis de Freud e Lacan na teoria psicanalítica podem ser comparados, respectivamente, aos de Newton e Einstein quanto à teoria da gravitação. Einstein não contestou a velha equação newtoniana $g = GM/r^2$, e sim demonstrou que esta última funcionava dentro de um âmbito limitado, ou seja, em relação aos corpos que desenvolvem velocidades muito inferiores à da luz. Da mesma forma, a teoria lacaniana mostra-nos que apesar de se poder observar um desejo sexual nutrido pelos filhos em relação aos pais por ocasião da fase edípica, o incesto não consiste numa finalidade em si mesma, e sim num único aspecto de um desejo mais abrangente, ou seja, de se preencher uma lacuna narcísica.

Mais do que isso, a teoria lacaniana põe um pé na Teoria Quântica quando torna os personagens do drama edípico, os integrantes da família, em entidades subjetivas que somente se constituem como tais no processo de inter-relação. Isto equivale a dizer que a individualidade tal como estamos acostumados a concebê-la é uma mera abstração, pois depende de todo um contexto para assim se efetivar. Note-se o quanto esta proposta se aproxima das descobertas da Física subatômica, que nos mostra que os próprios átomos não existem "por si próprios", dependendo da interconexão entre si para se constituírem como tais. Recapitulando Niels Bohr, "partículas materiais isoladas são abstrações, sendo que suas propriedades só podem ser definidas através da sua interação com outros sistemas". Fritjof Capra acrescenta: "A concepção do universo como uma rede interligada de relações é um dos dois temas tratados com maior frequência na Física moderna". A semelhança com a proposta da psicopatologia vincular, neste ponto, também é significativa, uma vez que esta aponta o vínculo como a unidade mínima para se falar em qualquer processo psicológico.

O Édipo descrito por Lacan é uma estrutura subjetiva que abriga três posições ou lugares, que podem ser ocupados por personagens distintos. A metáfora do teatro grego de máscaras, onde, independentemente do número de máscaras, somente três atores as representavam, pode ser altamente ilustrativa. O Édipo lacaniano define três funções, pai, mãe e filho, que podem ser ocupadas por qualquer indivíduo. A função "filho" é aquela sobre a qual se centraliza a trama edípica [24]; a função "mãe" consiste na de gerar, proteger, nutrir, envolver, conter (no sentido de ser recipiente), e também possuir, reter, impedir a saída para o mundo e a vida; mais ainda, à função "mãe" deve-se o projeto de tornar o filho no Falo. À função "pai", por sua vez, cabe interditar, trazer a Lei através do Não, educar, separar mãe e filho de sua díada narcisista, integrando este último na cultura. Os personagens da trama, portanto, transcendem os limites da pessoa física, descrevendo meras funções e não entidades fisiológicas.

Uma das postulações mais dramáticas da teoria lacaniana consiste no estabelecimento do filho como um discurso materno. Com base nas explicações anteriores, entenda-se "materno" não como concernente à mãe carnal, mas à *função-mãe*. Quer dizer que, ao ser gerado, o filho ocupa um lugar subjetivo que preexiste a ele próprio, o lugar de uma Falta que, sob a forma de Desejo, visa preencher a lacuna narcísica de quem o gerou. O desejo se expressa no Nome dado à criança, que simboliza tudo o que dele se espera, invariavelmente atributos e qualidades que faltam ou são valorizadas pelos pais. Mas, como assinala Bleichmar, "...isso não é tudo. Não somente os pais ocasionam um conjunto de operações possíveis como também privilegiam algumas dentre elas. Assim, tomemos um só exemplo que sabemos simplificante, mas ao mesmo tempo ilustrativo: o discurso coletivo de certas famílias, que constitui verdadeiros rodeios ao redor de temas que não são tocados diretamente e sim que ficam marcados pela sua ausência, facilita por introjeção um tipo de pensamento individual no qual a evitação é um traço distintivo. *A identificação representa, portanto, um papel central na constituição dos mecanismos de defesa do sujeito.* E como são processos que ocorrem no seio de uma situação, a edípica, que está marcada pelos desejos, os mecanismos de funcionamento dos pais serão aceitos ou rejeitados de acordo como a criança fique colocada entre eles" [25].

Se a Psicanálise desde o início feria profundamente o nosso amor-próprio, mostrando que o homem supostamente racional era na verdade conduzido por fantasias infantis relegadas ao inconsciente, a teoria lacaniana nos desfere um verdadeiro golpe de misericórdia. Dentro desta abordagem, ficamos destituídos daquilo que pensamos constituir-se no que há de mais sagrado, a nossa identidade individual e nosso livre-arbítrio. Somos meros depósitos de um Desejo ancestral, precipitados de um discurso coletivo, que traz consigo todas as suas taras, sua sina, sua dor, esperança e desespero. Aqui, nada resta daquele indivíduo autônomo que acostumamos a acreditar que somos. Este é o paralelo, na Psicologia, da inquietante descoberta da Física subatômica, para a qual os átomos constituem-se nada mais nada menos do que produtos de inter-relações, de tendências subjetivas, de ondas de probabilidade, trazendo à luz a dura realidade de que até mesmo o mundo que enxergamos não passa de uma imagem ilusória e fugaz. Como lembra Capra, "as partículas subatômicas não são coisas, mas interconexões entre 'coisas', e essas 'coisas', por sua vez, são interconexões entre outras 'coisas', e assim por diante" [26]. Seu equivalente na Psicologia resume-se na ideia de que não somos propriamente *pessoas*, mas o mero produto de infinitas conexões que gravitam em torno de uma Falta. Desse modo, teremos que o indivíduo consiste numa partícula elementar que por sua vez é produto de uma "onda de probabilidade", representada pela Falta ancestral.

Mais interessantes ainda serão as consequências desta abordagem para o psicodiagnóstico: o diagnóstico da patologia individual consistiria na abordagem equivalente à da observação do "elétron-como-partícula" da Física subatômica; o diagnóstico da patologia familiar, grupal e social, por sua vez, equivaleriam à investigação do "elétron-como-onda". Da mesma forma que na experimentação subatômica, ambas concepções não se excluem, e sim complementam-se na tarefa de compreender melhor as questões trazidas pelo sujeito. Daqui depreende-se o porquê de Pichón-Riviere, como criador da teoria do vínculo e inspirador da psicopatologia vincular, acabe propondo um salto da Psicanálise individual para uma Psicologia social como uma forma mais eficiente de abordar o fenômeno humano. Assim, a relação entre velocidade e comprimento de onda, demonstrada, como já havíamos dito, por Louis De Broglie, rende-nos aqui subsídios inesperados, pois permite estabelecer a diferença entre o fenômeno psicopatológico individual e grupal através da ideia de "frequência ondulatória". Analisar o sujeito enquanto indivíduo, portanto, equivale a enxergá-lo como "partícula", ou seja, como um fenômeno que se expressa numa baixa frequência ondulatória; por outro lado, analisá-lo em conexão com o grupo familiar e/ou social ao qual pertence, equivale a vê-lo como onda, isto é, como um fenômeno expresso em alta frequência. Os fenômenos em alta frequência, como tudo aquilo que é mais sutil, tornam-se mais fluidos e difíceis de visualizar: desse modo, o sujeito, quando visto sob a perspectiva grupal ou social, resume-se a um mero porta-voz de um fragmento do discurso coletivo. Sua patologia estabelece uma relação dinâmica com o Todo, tornando-o indistinto e impalpável enquanto personalidade individual.

Por tudo isso, um expediente de grande utilidade no labor psicanalítico será o de, paralelamente à abordagem da neurose individual, investigarmos que projeto familiar se oculta por trás daquela patologia. Somente quando o sujeito se fizer consciente de que papel seu Nome encerra na dramática familiar, que ele poderá libertar-se de suas vicissitudes; paralelamente a essa conquista, uma vez que as partes não se dissociam do todo, ele estará colaborando para a resolução da patologia familiar. Dessa forma, não raro ao possibilitarmos a melhora de um paciente, acabamos influenciando pessoas a ele relacionadas sem que tenhamos a princípio intentado tal coisa.

Transferência e probabilidade.

A característica fundamental da Teoria Quântica é que o observador é imprescindível não só para que as propriedades de um fenômeno atômico sejam observadas, mas também para ocasionar essas propriedades.

Fritjof Capra

Quando abandonou a hipnose, que aprendera com Charcot no início de sua carreira, Freud adotou uma versão modificada da técnica da associação induzida, praticada por Jung, estabelecendo a associação livre como o instrumento psicanalítico por excelência. O princípio era muito simples: o paciente deitava em um divã, para que pudesse sentir-se relaxado, e devia dizer tudo o que lhe ocorresse no pensamento. Tratava-se da famosa *regra fundamental* da Psicanálise.

Entretanto um fato novo, um fenômeno inesperado, tomava lugar na relação entre analista e paciente, que prejudicava sensivelmente o trabalho. O paciente começava a ter sérias dificuldades em lembrar suas histórias, e de comunicá-las. Freud descobriu, dessa forma, uma força que se opunha ao processo analítico ao tentar manter a repressão, a que denominou *resistência*. Paralelamente, os pacientes, em vez de colaborar com a análise dispondo-se a recordar o passado, pareciam perder o interesse pela tarefa e preferir dedicar-se à pessoa do próprio Freud. Repentinamente, passavam a devotar sentimentos aparentemente descabidos em relação ao terapeuta, fossem eles hostis ou amorosos. O mais importante é que eles, ao invés de relembrar os sentimentos reprimidos, reproduziam-nos na relação com o analista. Estava descoberta a *transferência*. Freud percebeu uma característica crucial deste processo, a de *repetir para não recordar*. Os impulsos dirigidos originariamente a figuras primitivas da história do paciente, geralmente pai e mãe, deslocavam-se e passavam a investir no presente, através da figura do analista.

Em suas *Conferências*, Freud assinala que "Toda produção nova (do paciente) coloca-se sobre sua relação com o médico (...) Quando a transferência adquiriu esta importância, o trabalho com as recordações do doente cede em alto grau (...) A superação dessa neurose nova, artificial, é a mesma coisa que a superação da enfermidade trazida ao tratamento, o mesmo que o cumprimento da nossa tarefa terapêutica. O homem que, em sua relação com o médico, tornou-se normal e livre da influência dos impulsos instintivos reprimidos, permanecerá assim também, em sua vida privada, depois de terminado o tratamento".

Estas últimas palavras apontam um aspecto crucial da cura. O paciente traz consigo conteúdos primitivos, forjados nas experiências infantis, que redundam numa forma própria e estereotipada de estabelecer vínculos com os objetos de amor. Esses estereótipos na forma de se relacionar levam à repetição que constitui a transferência. O papel do analista, portanto, consiste em proporcionar ao paciente a "recordação" dos motivos que o levaram a adquirir sua estratégia de vínculo. Uma vez consciente disso, ele poderá ampliar a gama de possibilidades de relação, assumindo uma forma mais fluida e mais sintonizada com o mundo exterior de se vincular aos objetos. Sob este ângulo de análise, portanto, poderíamos definir a saúde mental como um aumento da fluidez das estratégias de vínculo, que variarão conforme as características da relação atual com o objeto. Equivale à "variação nas defesas" com que definimos a saúde mental quando discorremos sobre a psicopatologia vincular.

Todavia, cabe aqui um comentário importante sobre a questão do "recordar", mencionado há pouco. Uma corrente de analistas resolveu entender esse "recordar" como a essência do processo psicanalítico. Relembrar as experiências infantis, portanto, constituir-se-ia no objetivo principal do tratamento, o que resulta num erro crucial. Talvez pensem assim devido à profunda impressão causada pelas experiências hipnóticas de Freud com as pacientes histéricas, onde a simples recordação, mesmo em transe, das cenas temidas provocavam uma catarse que conduzia em direção a uma suposta cura. Todavia, nem sempre este expediente se torna eficaz. Ele tende a funcionar mais facilmente com a histeria porque este quadro constitui o recalque da cena temida como a sua principal trincheira. Diferente seria o caso, por exemplo, de uma neurose obsessiva, em que o principal mecanismo de defesa é outro. O obsessivo muito comumente se recorda das cenas temidas, chegando a narrá-las até mesmo com certa dose de humor. Isto acontece porque o mecanismo de defesa central, montado contra a angústia frente à cena temida, neste caso, em vez do recalque, é o isolamento de afeto. O sujeito tende a liberar seus sentimentos mais genuínos em cenas deslocadas, extraídas do mais simples cotidiano, que adquirem uma dramaticidade espantosa do ponto de vista de um observador comum. Portanto, para esta classe de pacientes, a pura e simples recordação da cena infantil pouca diferença faz do ponto de vista da elaboração de seus conflitos, e consequentemente da sua melhora.

Freud se faz absolutamente claro quando imputa à lembrança o papel de "preencher lacunas mnêmicas", com a finalidade de tornar consciente a transferência, esta sim o verdadeiro centro da análise. Em outras palavras, deveremos usar a infância para compreender a transferência, e não a transferência para compreender a infância. A inversão destes conceitos pode tornar a análise simplesmente improdutiva [27]. Uma forma de argumentar sobre esta questão é a de recorrer à concepção do tempo, tal como ele se configura no psiquismo. Para o inconsciente, o tempo simplesmente não existe, o que nos autoriza a trabalhar com os pacientes invariavelmente em função do *agora*. O paciente, quando transfere, mais do que repetir um acontecimento passado, *revive*, na mais plena acepção da palavra, as suas relações básicas infantis. Não se trata de algo "antigo", mas de algo que está acontecendo *agora*, a única dimensão efetivamente real para o inconsciente [28].

Esta concepção harmoniza-se com a professada pela nova Física, para a qual o tempo absoluto carece totalmente de significado. Mais do que isso, a Teoria Quântica, ao destituir o observador do papel passivo a ele conferido pela Física clássica, e atribuir-lhe vital importância na própria concretização dos fenômenos que observa, pode colaborar conosco de uma forma surpreendente. Até o advento da Teoria Quântica, acreditava-se que o universo físico e os nossos pensamentos sobre ele fossem coisas totalmente distintas. A nova Física mostrou-nos que aquilo que visualizamos é aquilo que vemos. Desse modo, nossos pensamentos sobre o mundo e a maneira como ele se mostra a nós estão fundamental e inapelavelmente inter-relacionados. Pelo princípio da incerteza, explicado sucintamente no primeiro capítulo, sabemos que nenhum objeto tem contornos bem definidos, até que seja observado: um elétron não se "decide" sobre constituir-se como partícula ou como onda até o derradeiro momento da experimentação e da observação. Esta constatação empírica pode levar-nos a conclusões bastante intrigantes, como a de que os átomos simplesmente não tenham sequer características físicas definidas antes que se decida olhar para eles.

Observar é construir a realidade. Como observa Capra, "Se formulo uma pergunta sobre a partícula, o elétron me dá uma resposta sobre a partícula; se faço uma pergunta sobre a onda, ele me dá uma resposta sobre a onda. O elétron *não possui* propriedades objetivas independentes da minha mente. Na Física atômica, não pode mais ser mantida a nítida divisão cartesiana entre matéria e mente, entre o observado e o observador. Nunca podemos falar da natureza sem, ao mesmo tempo, falar sobre nós mesmos" [29].

Esta incerteza está relacionada ao conceito de *função de onda quântica*, algo que os físicos classificam como "pré-material". A noção de função de onda reflete a fluidez da realidade anteriormente dita objetiva, atrelando-a à necessidade de ser observada para poder constituir-se como tal. Outra propriedade essencial da onda quântica é que ela representa onde e quando é provável que algo ocorra; em outras palavras, é a medida de probabilidade de ocorrência de um evento, o que torna o universo em que vivemos um universo de probabilidades. Assim, a onda quântica pode ser definida como uma onda de probabilidade que se move mais depressa do que a luz e conecta nossas mentes (o observador) com o mundo objetivo.

Tal digressão teve como finalidade dar sustentação a uma ideia que pode a princípio parecer estranha para os menos avisados. No entanto, por mais despropositada que pareça, ela não consegue superar os absurdos verificados na experimentação da Física subatômica, nem suas constatações matemáticas. Como diz o físico Freeman Dyson, "não há esperanças para as teorias que, à primeira vista, não pareçam malucas". Esse princípio parece aplicar-se também à Psicologia, que abriga mais surpresas em seu íntimo do que se possa suspeitar de início. Uma delas, sem a menor dúvida, constitui-se na importância do observador quanto à determinação dos eventos observados, pois, se aplicarmos este conceito quântico na prática psicanalítica, podemos afirmar que *a história narrada pelos pacientes, tanto quanto os objetos de amor com os quais terão se relacionado, são produzidos pela sua própria mente.* Não estou com isso querendo dizer que suas histórias constituam-se num produto da imaginação, e sim que se tratam de uma efetiva concretização no mundo objetivo de seu próprio mundo mental.

Sem maiores delongas, significa que o sujeito "cria" os eventos por ele vivenciados, assim como os indivíduos que com ele se relacionam. Quando um paciente traz uma história a nós, traz antes de mais nada o universo por ele criado, que se constitui numa realidade de fato e desse modo permanecerá enquanto ele assim estiver disposto a visualizá-lo. A inexistência do tempo absoluto, definitivamente comprovada pela teoria da relatividade, dá contornos mais dramáticos à noção psicanalítica de inconsciente atemporal, pois até mesmo os eventos anteriores à própria existência objetiva do indivíduo poderão ser considerados sua própria criação. Em outras palavras, poder-se-ia dizer que o sujeito "cria" os próprios pais, e o contexto familiar em que é gerado, assim como as experiências mais primitivas de sua história, e as demais vividas na maturidade, o que nos aproxima bastante da concepção oriental de *karma.*

Por incrível que possa parecer, existe pelo menos uma experiência concreta da possibilidade de se criar o passado. Inventada por John Wheeler, ela consiste em nada mais nada menos que uma variação do experimento da passagem das partículas subatômicas pelas fendas, descrito no primeiro capítulo, na qual a escolha feita no passado pelo fóton acerca da fenda que haveria de passar depende de uma certa decisão do experimentador *após* a própria experiência. Trata-se da comprovação empírica de uma verdadeira heresia.[30]

O discurso de um paciente pode ser tratado como um discurso onírico, onde as ocorrências e os vínculos por ele mencionados, assim como os personagens a ele ligados, constituem-se, mais do que em objetos internalizados, como preconiza a Psicanálise, em verdadeiros "objetos internos". Uma pessoa histérica, quando traz histórias de sedução ou violência sexual, traz antes de mais nada ocorrências geradas pelo seu próprio mundo interno, que podem ganhar consistência real com a ajuda de terceiros. Um melancólico que traga repetidas histórias de abandono estará expondo um núcleo, uma "onda de probabilidade", sobre a qual experiências concretas de abandono se precipitarão.

Podemos tentar explicar tais vicissitudes com base numa abordagem mecanicista, e obtendo um relativo sucesso nessa empreitada. Pensemos no processo da divisão da molécula do ADN (ácido desoxirribonucleico), continente da carga genética do indivíduo, como ilustração da ideia. Essa molécula compõe-se de uma dupla espiral que, quando vai se reproduzir, desfaz-se em duas espirais isoladas. As espirais navegam pelo líquido celular, e vão-se combinando com determinados elementos ao longo de sua cadeia até formar uma réplica da espiral abandonada. O cerne da questão é que, independentemente da grande riqueza de moléculas e arranjos moleculares que se chocam com sua estrutura, a espiral de ADN somente se combina precisamente com aquelas que venham a lhe restituir a conformação perdida. Esta é a essência da transferência: no decorrer da sua existência, as pessoas esbarram nos mais variados tipos de pessoas, de ambientes, e de possibilidades de vínculo. No entanto, ligam-se apenas a aquelas pessoas e ambientes que possam reproduzir suas experiências primevas internalizadas. Um verdadeiro "radar" inconsciente levará o indivíduo a encontrar o material necessário para a reprodução psicodramática de sua história psíquica. Para isso, a contratransferência desempenha um papel fundamental, pois concorre para motivar o outro a desempenhar o papel complementário na tragédia pessoal do sujeito.

Embora esta explicação funcione a contento, ela não abarca os casos em que as "coincidências" extrapolam aquilo que a Física moderna chamou de "variáveis locais" de inter-relação. Refiro-me àquela classe de eventos que Carl Jung denominou eventos sincronicísticos. Qualquer analista atento poderá constatar as inumeráveis "coincidências" mágicas que permeiam a vida das pessoas. No caso da neurose obsessiva, cujas estruturas envolvem uma tendência ao pensamento mágico, estas classes de ocorrências são mais perceptíveis. Freud tanto conhecia esta característica da neurose obsessiva que a explorou exaustivamente nos casos do Homem dos Lobos e do Homem dos Ratos, onde faz conexões simbólicas com os dados dos pacientes que extrapolam os domínios da lógica formal.

Em minha própria experiência clínica, tenho tido a oportunidade de testemunhar inúmeras vezes a surpreendente magia das fantasias obsessivas, da qual não custa apresentar uma pequena amostra. Um paciente chegou a meu consultório num verdadeiro transe de pavor: estava fazendo 33 anos (no dia da primeira entrevista), idade em que o pai teria falecido. Seu semblante lívido expressava a certeza de que repetiria o destino do pai, morrendo ainda naquele ano. Perguntei a ele que significado atribuía a morrer aos 33 anos, ao que rebateu dizendo que se tratava da idade da morte de Cristo, com cujo sofrimento se identificava. Fui tomado pelo impulso repentino de indagar o nome de seu pai, e a resposta não me desapontou: seu nome era Salvador! O pai havia falecido quando ele ia completar seis anos, número que é produto da soma de 3+3. Por outro lado, o paciente tinha três filhos homens, da mesma maneira que o pai tivera, que no momento da entrevista contavam aproximadamente com a mesma idade que ele próprio e seus irmãos quando da morte daquele. O pai morrera de complicações

71

pulmonares decorrentes de uma cardiopatia congênita, levando o paciente, por identificação, a desenvolver uma asma brônquica. A associação trouxe o 33 também como o número que os médicos pediam para o paciente pronunciar ao auscultar o pulmão. Associações ulteriores ligaram também a respiração dificultosa proporcionada pela asma à respiração entrecortada do ato sexual - na infância, o paciente dormira por muito tempo no quarto dos pais - assim como à do indivíduo moribundo.

Outro paciente obsessivo trazia uma história de perdas muito intensas, mascarada por uma queixa inicial de que não conseguia lidar com o fim de um namoro que classificava como muito apaixonado, e que durara dois anos e meio. Pensava constantemente na ex-namorada, o que lhe enchia de angústia e dor. Quando lhe perguntei sobre o que havia causado o rompimento, não soube precisá-lo. Tentei então outra pergunta, sobre como estava o namoro na época em que terminara: disse-me prontamente que ambos estavam em vias de ter relações sexuais, cuja ideia os enchia de culpa, e não precisou de ajuda para lançar a suspeita de que haviam se separado por esse mesmo motivo. Ainda na primeira entrevista, antes de formular a queixa, havia me mostrado um cartão meu, afirmando que o retivera consigo por dois anos e meio, antes que se resolvesse a me procurar. Ao final, agradeceu-me dizendo sentir um grande alívio pela oportunidade de desabafar acerca de tantas coisas guardadas. Surpreendentemente, faltou nas duas sessões seguintes, após o que me disse, por telefone, ter reavaliado sua situação financeira, decidindo deixar a análise para outro momento. Ciente da característica de resistência que seu comportamento adquiria, encorajei-o a vir novamente para esclarecer seus sentimentos, no que ele concordou. Chegou atrasado para a segunda entrevista, e repetiu-me as razões de sua desistência dadas anteriormente. Perguntei-lhe que impressões guardara de nosso primeiro encontro, no que reafirmou sentimentos altamente gratificantes. Argumentei então que talvez tivesse receio de mergulhar em toda aquela dor de que falara, obtendo sua confirmação. Então, lembrei-lhe do seu comentário sobre meu cartão, dizendo que ele estaria repetindo o que houve com sua namorada: depois de dois anos e meio "namorando-me à distância", isto é, guardando meu nome e telefone, decidia-se a fugir diante da perspectiva de estabelecer comigo uma relação mais íntima, representada pela análise. Com esta interpretação, sua dificuldade de lidar com o prazer fez-se tão evidente, que de imediato se dispôs a permanecer no tratamento.

No decurso da análise propriamente dita, ao rever mais detalhadamente sua história, detectamos várias rupturas vividas em intervalos de dois anos e meio. Desde desistências de empreendimentos profissionais ou estudantis, até a mortes na família, que remontavam a três, separadas sempre pelo mesmo espaço de tempo. Em outras experiências corriqueiras, o intervalo se estabelecia em dois meses e meio. Certa vez, narrou-me um fato ocorrido na escola, de propriedade de sua família, em que trabalhava como diretor: três cornetas da banda escolar tinham sido furtadas, fato que o enchera de desgosto, principalmente pelo alto valor dos instrumentos, que na época estimara em Cr$ 2.500,00 cada um. Não foi difícil mostrar-lhe que o episódio trazia à tona afetos muito mais intensos, referentes às perdas de três entes queridos, o pai, o avô e o irmão, ocorridas a intervalos de dois anos e meio cada uma, tema do qual vínhamos tratando nas últimas sessões, e que explicavam a aparente desproporcionalidade de sua tristeza frente ao caso narrado.

O número mágico já se manifestara logo no início da análise, através das suas duas faltas seguidas de um atraso: faltando a "duas sessões e meia", o paciente ritualizara dramaticamente sua história de perdas, e a sua virtual impossibilidade permanecer na análise. Aqui surge a interrogação: nos casos citados, muitas das "coincidências" foram provocadas pela ação direta do indivíduo, como a retenção do cartão durante o período mágico predeterminado pela fantasia do segundo paciente; o que dizer, porém, das coincidências que extrapolam o controle direto do sujeito, como por exemplo as sucessivas mortes ocorridas no mesmo intervalo?

Desejo enfatizar que, ao apresentar estas ideias, não me refiro a um ou dois casos excepcionais, mas efetivamente à maioria daqueles com os quais tenho deparado. A magia muitas vezes aparece no próprio cotidiano do sujeito, ou mesmo no consultório, sob a forma de acontecimentos sincronicísticos. Uma vez uma paciente disse-me que se sentia como "uma grande mariposa", referindo-se a seus impulsos sexuais; cerca de dez minutos depois, na mesma sessão, adentrava pela janela uma mariposa muito maior que o comum, que permaneceu volteando pela sala até o final da entrevista. Outra paciente, depois de mais ou menos um ano de análise, resolveu falar do intenso medo de pássaros que a acometia, o que fez não sem se mostrar bastante emocionada por ter me confessado esse fato. Na sessão seguinte, disse-me que ao chegar em casa, ouviu um som forte vindo de seu quarto; ao procurar a causa do barulho, deparou com um pardal caído no chão. Provavelmente, ele havia batido no vidro da janela, estatelando-se no solo.

Outro paciente, depois de certa sessão em que abordávamos temas relacionados à cena primária (cena do coito dos pais), faltou em seguida, o que raramente acontecia. No encontro ulterior, após desculpar-se pela falta, contou-me o motivo da mesma: no mesmo dia, deixara cair os óculos no banheiro, sem o qual muito pouco podia enxergar, e menos ainda dirigir. Aliás, a sua semana vinha sendo um tanto azarada, pois havia estilhaçado também o pára-brisa do automóvel na estrada, por causa de algum detrito lançado pelas rodas de outros veículos. Dada a flagrante semelhança entre as ocorrências com os óculos e o pára-brisa, dois "objetos através dos quais se enxerga", perguntei-lhe o que, baseado em nossa conversa da sessão anterior, ele não gostaria de ter que ver. Narrou-me então um longo sonho, cujos detalhes deixaremos de lado, em que se encontrava preso num banheiro cuja porta não conseguia abrir porque o pai não o permitia, fazendo força de seu lado oposto. Sabendo da ligação de todo esse material com a cena primária, visto que dela tratáramos na sessão pregressa, indaguei se se lembrava de alguma ocasião em que vira os pais tendo relações sexuais. Diante da pergunta, disse recordar-se repentinamente de algo que parecia soterrado na sua memória mais recôndita. Certa vez, quando criança, dormia em seu próprio quarto quando a parte interior da veneziana, a dupla janela de vidro que costumeiramente fica suspensa por dois suportes de metal, veio abaixo com estrépito, assustando-o sobremaneira. Ato contínuo, ele correu para o quarto dos pais, deparando com a cena sexual.

Como explicar, por "conexões locais", a estreita relação entre a quebra dos óculos, do vidro do carro e da janela do quarto, esta última ocorrida tantos anos antes, nos moldes causais de que costumamos nos valer? Todas elas falavam de uma "janela" através da qual se via uma cena temida [31]. Dos fatos ocorridos, o único que o paciente detinha algum controle para desencadear foi o referente aos óculos, cuja quebra além de tudo representava uma tentativa de "não olhar" a referida cena. Mas, e as outras? E a relação entre elas, que se precipitaram como uma onda justamente após a sessão em que nos ativemos à questão da cena primária?

De volta ao problema da transferência, como explicar que as vicissitudes enfrentadas pelos pacientes tenham a tendência a se repetir indefinidamente, e guardando entre si uma íntima relação e a mais absoluta coerência? A noção de ondas de probabilidade, tal como se manifestam no mundo subatômico, poderá lançar alguma luz sobre a questão. Capra escreve: "A resolução do paradoxo partícula/onda forçou os físicos a aceitar um aspecto da realidade que contestava o próprio fundamento da visão mecanicista do mundo - o conceito de realidade da matéria. Em nível subatômico, a matéria não existe com certeza em lugares definidos; em vez disso, mostra 'tendências para existir', e os eventos atômicos não ocorrem com certeza em tempos definidos e de maneiras definidas, mas antes mostram 'tendências para ocorrer'. No formalismo da Mecânica Quântica, essas tendências são expressas como probabilidades e estão associadas a quantidades que assumem a forma de ondas; são semelhantes às fórmulas matemáticas usadas para descrever, digamos, uma corda de violão em vibração, ou uma onda sonora. É assim que as partículas podem ser ao mesmo tempo ondas. Não são ondas tridimensionais 'reais', como as ondas de água ou as ondas sonoras. São 'ondas de probabilidade' - quantidades matemáticas abstratas com todas as propriedades características de ondas - que estão relacionadas com as probabilidades de se encontrarem as partículas em determinados pontos do espaço em momentos determinados. Todas as leis da Física atômica se expressam em termos dessas probabilidades. Nunca podemos predizer com certeza um evento atômico; apenas podemos prever a probabilidade de sua ocorrência" [32].

Associando as ocorrências da vida do sujeito com o conceito de partícula, podemos divisar que o complexo inconsciente constitui-se como uma "onda de probabilidade", que se expressa como uma "tendência para ocorrer" de certos fenômenos a ele relacionados. Por exemplo, o indivíduo que traz uma problemática de abandono trará consigo uma "tendência a ocasionar" experiências em que será abandonado. As outras pessoas que dele se aproximarem, penetrarão em seu "horizonte de eventos", ou em seu "campo gravitacional", e serão induzidas a assumir um papel complementário: neste caso, o papel de abandoná-lo. Dessa maneira, a vida do sujeito, vista como uma onda de probabilidade, abriga em seu interior algumas ocorrências que consistirão, nada mais nada menos, em precipitados (partículas), expressões concretas dessa mesma tendência. Observe o leitor a diferença entre a abordagem clássica e esta que ora apresentamos: na perspectiva da primeira, o terapeuta tenderá a enxergar certos fatos traumáticos ocorridos na vida do paciente como *causas* de sua problemática; para a segunda, estes fatos não serão causas, mas sim a expressão de uma problemática preexistente.

Para a Física Quântica, todos os eventos estão interligados, mas as conexões estabelecidas não são causais no sentido clássico. A leitura que podemos efetuar desta propriedade dos fenômenos é a de que a inter-relação entre o sujeito e seu par complementário também não obedece a uma lógica causal. Isto é, a díada formada pelo sujeito e pelo seu objeto de amor, funcionando como uma unidade, atua de maneira complementária de modo que não se possa apontar um responsável ou "culpado" pela atuação transferencial e contratransferencial. Em outras palavras, "por coincidência", os indivíduos selecionados para contra-atuar as fantasias de alguém abrigarão em seu ser todas as condições para assumir a tarefa. Equivale a dizer que, por mais variadas que sejam as nossas relações, jamais interagimos com pessoas com as quais não tenhamos algum tipo de afinidade, seja ela de ordem simétrica ou complementária [33].

Conexões não-locais e sincronicidade.

Através de experimentos em estruturas dissipativas, vemos que a matéria está muito mais integrada do que supúnhamos. O abismo entre a vida e a não-vida é muito menor do que pensávamos... Seguimos para uma convergência do mundo externo com o de nosso interior, ultrapassando a hipótese newtoniana que dividia o Universo entre o espiritual e o mundo físico e externo.

Ilya Prigogyne

O pensamento linear, preconizado por Descartes, proporciona uma visão de mundo que na Física está representada pela teoria de Newton. Esta forma de pensamento influencia toda produção humana, seja ela filosófica ou tecnológica. Uma máquina moderna como o automóvel, por exemplo, movimenta-se graças a uma variedade imensa de fenômenos colocados em ordem linear, onde cada evento constitui-se na causa do evento subsequente. Ao se dar a partida na chave, as velas, providas pela bateria, produzem uma faísca que faz girar o motor de arranque, que por sua vez leva o pistão a efetuar um movimento descendente. Ao descer, o pistão aspira para dentro do cilindro uma mistura de gases (ar e gasolina), preparada pelo carburador (ou por seu sucessor, o sistema de injeção eletrônica). Esta primeira fase denomina-se admissão, após a qual o pistão sobe novamente, comprimindo a mistura, o que perfaz a segunda fase, chamada compressão. Na terceira fase, a expansão, essa mistura recebe uma faísca elétrica da vela, provocando uma explosão que empurra novamente o pistão para baixo, imprimindo força ao eixo de manivelas. Novo movimento ascendente, o pistão expulsa os gases já queimados para fora do cilindro, completando a quarta fase chamada de descarga. O movimento de vaivém do pistão, transmitido ao eixo de manivelas, imprime movimento às rodas motrizes através do sistema de transmissão, como por exemplo o eixo cardã, o que possibilita finalmente que o veículo saia do lugar.

Esta descrição ultra-resumida do funcionamento de um motor de quatro tempos em um automóvel retrata o quanto a nossa tecnologia se apoia no mesmo mecanismo que rege o pensamento cartesiano, ou seja, a linearidade e a causalidade. Pode-se dizer que um automóvel se move da mesma maneira que Descartes supôs mover-se o Universo, e, assim como Deus desde as alturas dirige a máquina por Ele criada, fica o homem com o controle total sobre sua criação (teremos sem querer desvendado a gênese das fantasias de onipotência vividas pelos motoristas ao volante?). No entanto, apesar da aparente perfeição dos automóveis, aviões e espaçonaves atuais, temos o inconveniente de que se constituem reles queimadores de combustível fóssil, ou seja, o petróleo, que consiste num produto da decomposição de animais e plantas pré-históricos. Nossos automóveis não são nada mais que meros incineradores de cadáveres, barulhentos, poluidores, e terrivelmente limitados em seu desempenho.

O homem sonha com a conquista do espaço sideral, no qual viajaria em máquinas movidas por recursos sofisticadíssimos, tais como o motor de íons. Contudo, essa tecnologia supostamente tão avançada parece chegar a uma barreira intransponível: as monumentais distâncias astronômicas. A nave *Pioneer 10*, com sua aparentemente espantosa velocidade de 14 km por segundo, demorou 21 meses para chegar a Júpiter, planeta localizado em nosso quintal. Se seu destino fosse Alfa Centauro, a estrela mais próxima de nosso sistema solar, demoraria 80 mil anos! Se essa mesma nave viajasse à velocidade da luz, façanha que a teoria da relatividade reputa como impossível, a viagem ainda assim duraria respeitáveis quatro anos e meio. Assim sendo, o que pensar de viagens a estrelas situadas a milhares ou milhões de anos-luz?

Apesar de todas estas dificuldades, não julgo impossível que o homem, se antes não destruir a si próprio com tanto poder, venha a conseguir viajar às estrelas. Meu pessimismo se limita às "máquinas mecânicas" que ele insiste em construir. Traduzindo melhor, se um dia conseguirmos atravessar o espaço interestelar, não será com engenhocas providas de milhões de peças entrechocando-se numa ciranda de causas e efeitos, nem queimando qualquer coisa para ser empurrada para frente aos solavancos. Tal façanha deverá ser lograda não com máquinas deste tipo, ainda que mais aperfeiçoadas, e sim com máquinas movidas por outra classe de forças, e fabricadas de acordo com outra filosofia. Essas máquinas deverão ser muito mais simples do que as atuais, com a diferença que, ao invés de agredir a natureza, forçando passagem através dos elementos, elas deverão estar em total harmonia com o universo, locomovendo-se quase como que numa consequência lógica.

Seria uma aplicação à tecnologia do conceito taoísta chamado *wu-wei*, que significa "não-ação". Normalmente mal compreendido no ocidente, onde costuma ser interpretado como sinônimo de passividade, o *wu-wei* não significa abstenção de atividade, e sim a abstenção de qualquer atividade que não esteja em harmonia com o ritmo do cosmo, ou, como definiu o sinólogo Joseph Needham, a "abstenção de ação contrária à natureza". Nas palavras de Lao-Tsé, "pela não-ação tudo pode ser feito". O taoísmo, desse modo, mostra-nos existirem duas formas de atividade: uma, o *wu-wei*, em harmonia com a natureza, com o fluxo do cosmos, sem "desejo", no sentido de desprovida de qualquer confronto com a ordem natural das coisas; a outra, a praticada pelo ocidente, que se impõe violentamente, derrubando qualquer resistência que os elementos possam oferecer. Embora a ideia de uma "ação sem desejo" possa parecer um tanto estranha a princípio, a verdade é que todos nós a aplicamos, ainda que instintivamente, em nossas atividades do cotidiano. Tomemos como exemplo a prática da natação: a diferença de atitude entre uma pessoa que saiba nadar, e outra que não o saiba, pode expressar-se nos termos acima descritos. A pessoa que não sabe nadar afunda justamente porque "deseja" desesperadamente permanecer na superfície. Daí resulta que ela tenta, de forma atabalhoada, agarrar-se à superfície da água como se ela fosse sólida. O nadador, por sua vez, flutua porque se entrega à fluidez do líquido, relaxando o corpo, como se simplesmente não desejasse manter-se à tona. Este princípio é aplicável a todas as atividades humanas: em tudo o que fizermos, seja jogar tênis, dirigir um automóvel, praticar alguma arte marcial, ou simplesmente fazer amigos, somente lograremos sucesso se mantivermos uma atitude relaxada, deixando de lado qualquer tipo de tensão. A isso nos referimos quando mencionamos a "ação sem desejo": não significa deixar de querer algo, e sim deixar de afligir-se para consegui-lo. Obter-se-á o resultado pretendido, dessa maneira, por consequência e não por finalidade.

Um instrutivo exemplo da diferença entre os dois tipos de atitude ora em discussão é o que ocorre entre a medicina antiga e a moderna, ou, por outro ângulo, entre a medicina natural e a homeopática unicista de um lado, e a medicina alopática do outro. Esta última, exemplo da ação impregnada do desejo, tem como finalidade a pura e simples remoção dos sintomas [34]. Considera as doenças como entidades autônomas, e sua ocorrência como obra do acaso ou de uma predisposição genética do sujeito. Sua concepção do doente é massificadora: uma pessoa com câncer é igual a outra pessoa com câncer, portanto, os métodos de cura empregados são em princípio idênticos. A medicina oriental, representada por tratamentos como a acupuntura, *shiatsu* ou *do-in*, a medicina natural como a dos florais do dr. Edward Bach, ou a homeopatia, possuem como filosofia comum a "ação sem desejo". Seus esforços não visam a simples remoção dos sintomas, mas sim compreendê-los em seu significado mais profundo. Desta forma, o tratamento aplicado visará a recuperação da harmonia no corpo e na mente do paciente, visto que as doenças são expressões da desarmonia do indivíduo com o cosmo: assim, a cura é encarada como uma consequência dessa harmonia, e não como uma finalidade em si mesma. "Não nos fixemos na enfermidade, pensemos apenas como o paciente vê a vida", diz o dr. Bach, expressando com toda felicidade os princípios da verdadeira medicina. Tal declaração recorda-nos a abordagem oriunda da Física Quântica, que torna todo fenômeno dependente do observador, o que nos leva, traduzindo-se para a área da saúde, a concluir que a doença é o resultado de uma distorção na forma de se ver o mundo. Na prática, isso significa que não existam doenças, e sim doentes, e que esses doentes são pessoas totalmente diferentes entre si, tornando o tratamento absolutamente particular para cada um. Nós nem sequer poderíamos considerar como excêntrica essa maneira de pensar, visto que se constituiu na pedra angular da medicina de todos os povos em todos os tempos: de Pequim a Babilônia, de Epidauro a Chichen-Itzá, a filosofia era idêntica. Por esse motivo, a julgar pelas evidências, os excêntricos somos nós, criadores incautos de uma medicina mecanicista e alienante como a praticada nos dias de hoje.

Mais uma interessante característica da medicina natural é a de que não se procura com o tratamento promover uma ação química sobre o metabolismo. A cura obtida pela acupuntura, por exemplo, obtém-se harmonizando a energia corporal através da regulação da energia nos meridianos do corpo: a medicina floral, assim como a homeopatia, caracteriza-se por uma ação física (através da vibração), e não química, dos remédios sobre o corpo e a mente, estes últimos vistos como uma unidade. O mito dos remédios "químicos" veio de carona na filosofia mecanicista cartesiana, que considera o corpo como uma máquina cujas peças precisam ser azeitadas. Por isso, quando tomamos um remédio para o estômago, atacamos o fígado, e ao se medicar o fígado, atacamos os intestinos, e assim por diante, numa ciranda interminável. Todo esse sofrimento que se adiciona à própria doença em si mesma advém da "ação com desejo" que a nossa medicina adotou como método básico. Em outros termos, nós não precisaríamos "fabricar" remédio algum, pois, por uma questão de lógica, nenhum flagelo que a Terra, como um sistema integrado, possa produzir deixará de ter um antídoto encontrado na própria Terra.

O problema reside no fato de que o homem está brigado com a Natureza, e, no estilo preconizado por Francis Bacon, prefere "escravizá-la, reduzi-la à obediência, extraindo à força os seus segredos", em vez de tentar com ela se comunicar e aconselhar. O troco que obtemos é que a Natureza, assim como a mulher violentada ou obrigada a entregar-se sem amor, fica vingativa, rancorosa e amarga. Fornece-nos meias respostas, meias verdades, e sempre nos trai com um novo flagelo, atirados a cada ano sobre nós e sobre nossos filhos, sob a forma de mutações de vírus ou de terríveis cataclismas. Quanto aos grandes êxitos logrados pela tecnologia científica na área médica, de que nos serve uma medicina elitista que cura síndromes raras de felizardos endinheirados com transplantes ou cirurgias genéticas caríssimas, enquanto centenas de milhões morrem de doenças prosaicas como sarampo, varíola ou esquistossomose? Mesmo que obtenhamos supostas curas, perdemos a felicidade e a alegria de viver; mesmo quando aumentamos a quantidade de vida, perdemos em qualidade.

Para que a medicina atual busca nos proporcionar uma vida de cento e vinte anos, se os velhos, nos mesmos moldes do princípio da obsolescência, são considerados como trastes descartáveis, transtornos a mais para o mercado de mão-de-obra ou vultosos gastos adicionais para a Previdência Social? Nos tempos de nossos excêntricos antepassados, os velhos eram considerados sábios, e a eles se recorria quando se precisava de conselho. Estes, quando sentiam que chegava a hora derradeira, reuniam os descendentes e, cercados de respeito e de calor humano, a todos confortavam, aconselhavam e profetizavam. Nada de tratamentos mórbidos de terapia intensiva, nada de tubos enfiados por toda parte, nem da solidão que espera cada cidadão "obsoleto" de hoje, cujo destino todo jovem crê, por alguma estranha razão, que nunca irá compartilhar algum dia.

A Psicologia, por sua vez, não escapa da filosofia moderna da "ação com desejo", ao engendrar as correntes comportamentais. Amparado na visão de Galileu, este ramo da Psicologia atém-se somente ao estudo das propriedades essenciais dos corpos materiais, como forma, quantidade e movimento, as quais possam ser medidas e quantificadas.

Tudo o mais, portanto, que pertença à subjetividade, como mente, consciência ou inconsciência, são considerados descartáveis. Daí temos que a Psicologia comportamental como é praticada nos Estados Unidos mais parece uma mistura de zoologia com estatística. Mas o problema não para aqui: outra consequência dramática deste tipo de filosofia está na conceito adaptacionista de saúde mental. Para a Psicologia comportamental, o indivíduo são é o indivíduo adaptado; por isso, ao se referir a um sujeito doente, chamam-no *desajustado*. O indivíduo *ajustado*, portanto, configura-se como saudável, o que nos leva a concluir que se alguém cumpre os seus deveres, se vai e volta do trabalho comportadamente, se assiste televisão, se torce para um time de futebol, se vai ao supermercado, paga suas prestações em dia e consome o que lhe cabe, sem maltratar velhinhos, sem rasgar dinheiro, sem falar sozinho na rua ou dizer que viajou num Ovni, tudo estará *ok* com ele. Pouco importa se, apesar de se constituir num modelo de bom comportamento, ele não passar de um sujeito alienado e carregado de preconceitos. Estas últimas qualidades parecerão algo subjetivas à Psicologia comportamental, objetiva demais para se preocupar com tais questiúnculas.

Porém, não reside aí a maior consequência da filosofia adaptacionista. Partindo-se do postulado de que o grau de saúde mental de um indivíduo poderá se medir através da proporção de seu ajustamento à sociedade, conclui-se que o meio consistirá em paradigma de sanidade. Isso quer dizer que fica o sistema autorizado a ditar o que devemos e o que não devemos ser ou pensar! Não é à toa que este tipo de "Psicologia" seja o único veiculado pela mídia em geral, ou tenha feito tanto sucesso nos países comunistas, onde, até ontem, quem discordasse de Marx era considerado um louco degenerado e internado num hospício. Nosso papel como psicólogos transcende em muito ao de bedéis disfarçados do sistema: firmamos nosso compromisso com a saúde, e não com a adequação; com a consciência, e não com o comportamento; com o indivíduo, e não com a máquina que o produziu. Desse modo, a Psicanálise, apesar das suas deficiências, encarna de certa forma a proposta da "ação sem desejo" no plano da saúde mental quando, no tratamento de um paciente, deixa de fixar-se no que ele faz para centrar sua atenção no significado do que ele faz. A melhor qualidade da filosofia psicanalítica, quando praticada em sua proposta original, é a de buscar antes de tudo o autoconhecimento: depois de logrado este objetivo, pode o sujeito livrar-se dos sintomas como uma consequência de sua introspecção.

Se nos voltarmos para a questão da "ação com desejo" tal como se verifica na área tecnológica, poderemos utilizá-la como introdução ao assunto que é o motivo deste item. Podemos reparar, por exemplo, nas limitações dos automóveis e aviões, que tanto esforço têm que dispender para vencer a gravidade, a inércia, a resistência do ar, o atrito entre suas peças componentes, etc. O resultado dessa luta titânica aparece no barulho, na poluição, no desgaste das peças, e no ataque à saúde das pessoas (principalmente as que estão de fora: quem aprecia morar perto de um aeroporto?). Uma máquina da nova era haveria de, ao invés de forçar passagem através dos elementos, saber "pedir licença" aos mesmos. Não é difícil ilustrar o que seria mover-se em harmonia com o cosmo, ou "pedir licença" aos elementos. Pensemos em uma pessoa que precise atravessar um salão onde uma multidão dança freneticamente, algo como um baile carnavalesco. Se ela decidir enfrentar a multidão, e atravessar o salão andando em linha reta rapidamente, de duas uma: ou será atropelada pela massa, ou, se se tratar de um indivíduo com uma massa corporal respeitável, conseguirá atravessar à custa de muitos safanões e empurrões, de modo que, além de se ferir a si próprio, ferirá igualmente muitas pessoas que se colocarem em seu caminho. Se sua atitude for demasiadamente agressiva, poderá até mesmo provocar desentendimentos maiores, como brigas com alguns afoitos desejosos de vingança. No entanto, alguém mais inteligente poderia lograr o mesmo feito de forma muito menos traumática, se atravessasse o salão dançando no mesmo ritmo da música e das pessoas ali presentes. Sua postura, ao contrário da postura tensa do sujeito anterior, seria fluida e relaxada, de modo que pudesse desviar-se agilmente das pessoas que se colocassem à sua frente: sua travessia, *apesar de não se dar em linha reta*, seria muito mais rápida e agradável.

Este seria o espírito adequado para os engenhos de transporte do futuro. Através da harmonia da máquina com o cosmo, fenômenos como a força da gravidade, a inércia ou a resistência atmosférica seriam ou abolidos ou utilizados na própria propulsão da nave, de maneira que não se tivesse que lutar contra qualquer força da natureza, tornada nossa aliada. A melhor imagem que consigo conceber para exemplificar é a de uma canoa descendo a correnteza de um rio, onde o remador necessita somente efetuar pequenas correções no rumo, e com o dispêndio de um mínimo de energia. Ao contrário, as máquinas atuais, ao agredir os elementos, são obrigadas a suportar sua reação, tanto nos obstáculos colocados à própria locomoção das mesmas, quanto nos efeitos nocivos em relação ao meio ambiente. Equivaleria a dizer que nossas máquinas são "geradoras de karma", ou seja, toda ação por elas efetuada provoca uma reação negativa na natureza, que incorrerá em nosso próprio prejuízo, e das gerações vindouras.

No entanto, mesmo se dispuséssemos de máquinas ideais, restaria ainda um sério inconveniente às viagens interestelares: as incomensuráveis distâncias a serem vencidas. Lembremos das proposições de Einstein, que considera a gravidade uma mera deformação do espaço-tempo. Isto equivale a dizer que, em um campo gravitacional, o espaço e o tempo se curvam ao redor de uma massa, tendo como conclusão que curvatura e gravidade são sinônimos. Para as pessoas comuns, parece inconcebível a ideia de que o espaço e o tempo possam curvar-se: isto se deve ao pensamento newtoniano com o qual fomos condicionados, o que nos leva a enxergar o tempo e o espaço como entidades lineares e absolutas. Lembrando o discurso de Isaac Newton: "o espaço absoluto permanece constantemente igual e imóvel, em virtude de sua natureza, e sem relação alguma com nenhum objeto exterior", enquanto que "o tempo absoluto, verdadeiro e matemático, por si mesmo e por sua própria natureza, flui uniformemente sem relação com nada externo; por isso mesmo, é chamado duração".

Apesar de toda a convicção de Newton, hoje sabemos que ele estava errado. O tempo e o espaço já há muito perderam sua condição de uniformidade e imutabilidade, o que vem nos trazer possibilidades absolutamente novas no que tange a viajar através do espaço sideral. Para ilustrar essa ideia, pensemos no universo tridimensional como se fosse um tapete com mil quilômetros de lado, no qual vivêssemos como minúsculas formigas. Dessa maneira, reduzimos o espaço tridimensional a um plano de duas dimensões, recurso este amplamente utilizado por Einstein em suas explanações. As formigas que vivem nesse tapete somente poderão conceber essas duas dimensões a elas disponíveis: portanto, só serão capazes de se locomover utilizando essas duas dimensões, comprimento e largura.

Suponhamos então que, dentre essas formigas, alguma possa locomover-se utilizando uma terceira dimensão, a altura. Imaginando-se que se possa dobrar o tapete pelo meio, teremos que enquanto uma formiga "normal" teria que andar mil quilômetros para viajar de uma extremidade a outra, a formiga especialmente dotada poderia perfazer o mesmo trajeto instantaneamente, isto é, ao pular de uma extremidade para a outra, visto que elas estariam juntas por causa da dobradura. Um observador qualquer, cuja percepção estivesse restrita a duas dimensões, veria atônito a formiga desaparecer no ar, para reaparecer instantaneamente a mil quilômetros de distância. Este exemplo nos mostra o quanto é limitada nossa capacidade de percepção. Somente por pensarmos em uma dimensão a mais disponível, pode-se compreender até mesmo a ligação instantânea entre objetos incomensuravelmente distantes sob o ponto de vista da realidade convencional. Com a queda dos dogmas da Física clássica, a ciência fica livre para conceber tempo e espaço como entidades relativas, bem mais maleáveis do que aparentam a nossos sentidos. Desse modo, tal como sugerimos no exemplo do tapete, as viagens interestelares não se realizariam percorrendo o espaço como a primeira formiga percorreu o tapete, e sim através de "dobras" do mesmo espaço, o que equivale ao conceito que os cientistas batizaram *hiperespaço*. Uma nave que pudesse adentrar o hiperespaço poderia viajar a qualquer ponto do universo, quiçá a universos paralelos, através de "atalhos" na teia vazada do espaço-tempo. O homem, finalmente liberto de suas limitações espaciais, estaria livre para ir aonde bem entendesse.

Toda esta digressão teve por finalidade demonstrar como muitas vezes estacamos diante de barreiras imaginárias, baseadas em nosso próprio preconceito. Uma vez removidas essas barreiras de nossa percepção, coisas aparentemente impossíveis começam a parecer razoáveis. O homem está programado para compreender apenas os engenhos que se comportem nos moldes da causa e do efeito, como as máquinas que hoje são produzidas. Um acúmulo de peças se atritando, entrechocando e empurrando umas às outras de modo a produzir o trabalho desejado.

Contudo, nem todos os engenhos conhecidos operam nos moldes puramente mecânicos, como faz a maioria. Os exemplos não são difíceis de citar. É fácil para o homem do século vinte compreender o funcionamento das peças de um automóvel, e tal conhecimento está à disposição de qualquer um que se disponha a fazer um curso de mecânica. A função de cada peça será claramente definida e estabelecida, assim como os efeitos por ela ocasionados. Mas o que dizer por exemplo, de um engenho "não-mecânico" como as pirâmides? Hoje se conhecem muitos poderes, já comprovados, dessa simples figura geométrica. Não importa de que material ela seja feita, nem o tamanho, desde que possua as mesmas proporções da pirâmide de Queóps, ela apresenta recursos incríveis tanto quanto inexplicáveis. O que dizer, por exemplo, sobre o fato de que as plantas se desenvolvem muito mais sob uma simples armação de pirâmide, ou que pedaços vegetais e animais nela colocados se recusem a decompor-se? O enigma ainda não foi resolvido, nem o será de maneira completa até que se desista de tentar explicar essa classe de engenho nos moldes mecanicistas atuais.

Da mesma forma, como entender o *acumulador de orgônio*, estranho aparelho inventado por Wilhelm Reich para fins terapêuticos? Como explicar que uma simples caixa com paredes metálicas cobertas por uma substância orgânica (lã ou algodão) poderia curar doenças? Qual a verdadeira natureza dos pontos de acupuntura, e qual a relação entre determinado ponto no pé com os órgãos internos? Como se processa em detalhes mecânicos a cura pela homeopatia? O mesmo raciocínio é aplicável na compreensão dos eventos observáveis. Poderemos, se nos libertarmos das leis da causalidade meramente mecânica, compreender as supostas coincidências que ocorrem em nossa vida como o produto de conexões estabelecidas entre "variáveis não-locais". Lembremos o experimento EPR, apresentado no primeiro capítulo, que sepultou definitivamente as esperanças de Einstein em recuperar o referencial clássico para certos fenômenos. Esta experiência levou à insólita conclusão de que duas partículas, mesmo viajando em direções opostas à velocidade da luz, guardavam uma relação de tal maneira estreita entre si, que uma reagia imediatamente a qualquer interferência na outra. Desse modo, cada uma delas parecia "saber" o que ocorria com a outra, mesmo que a Física diga que nada pode viajar mais depressa que a luz.

A única solução que os físicos encontraram para tentar explicar essa propriedade das partículas foi o conceito que John Wheeler chamou "buraco de minhoca", que se constituiria na interligação de um complexo arranjo entre buracos negros e buracos brancos, entidades que transcendem a dimensão do espaço-tempo. A ideia de se comparar essa interligação a um buraco de minhoca adveio da noção do *continuum* espaço-tempo como um plano de duas dimensões, por "sob" o qual se estabeleceriam essas mesmas ligações. Assim, a descrição de cada parte torna-se inseparável da descrição do todo, pois neste nível de realidade, não existe nem tempo nem espaço separando-as. Para facilitar a visualização, projetemos novamente o universo observável em um plano de duas dimensões, como a superfície de um oceano. Se tivermos diante de nós um arquipélago, veremos um conjunto de ilhas aparentemente desconectadas entre si, mal suspeitando que eles se encontram interligadas sob a superfície, como uma cadeia de montanhas. Esse mundo submerso equivalerá na nossa metáfora à dimensão que os cientistas classificam como *além do espaço-tempo*, que se encontra fora de nosso campo perceptual tanto quanto a cordilheira submarina está para um observador situado na superfície. Os "buracos de minhoca" imaginados pelos físicos constituem-se num equivalente da ligação invisível entre as ilhas visíveis.

Baseado no princípio de que tudo se encontra intimamente ligado, chega-se à mesma essência do holismo, que não estabelece uma diferença fundamental entre o todo e as partes que o constituem. O princípio comum às disciplinas ou teorias chamadas holísticas, devemo-lo à Física Quântica, que demonstra que o comportamento de qualquer parte é determinado por suas conexões não-locais (isto é, sem uma inter-relação objetiva) com o todo. Enquanto, na concepção clássica, as propriedades e o comportamento das partes determinam as propriedades e o comportamento do todo, na Mecânica Quântica é o todo que determina o comportamento das partes.

O citado princípio explica porque, no experimento EPR, as partículas envolvidas parecem "saber" umas sobre as outras, independente da distância em que se encontrem. O mesmo se dá com a experiência da passagem dos elétrons nas fendas, descrita anteriormente, onde cada partícula parece saber não só o destino das outras, como também qual o procedimento adotado pelo experimentador. Torna-se igualmente compreensíveis os fenômenos verificados nas Reações Zhabotinsky, ou nas Estruturas Dissipativas, onde as moléculas se auto-organizam num sistema coerente e ordenado, como se mantivessem comunicação entre si, apesar das distâncias macroscópicas. Dá consistência para teorias como a Teoria Geral dos Sistemas, que define um sistema como um todo integrado cujas propriedades não podem ser reduzidas às de suas partes, ou a Hipótese Gaia, que mostra o planeta como um gigantesco organismo que parece ter consciência própria, interferindo diretamente em tudo o que lhe acontece. Ainda parecem ecoar as palavras de John Gribbin: "Se tudo o que esteve em interação na altura do Big Bang se mantém ainda em interação, então todas as partículas de cada estrela e galáxia 'sabem' de todas as outras partículas do Universo".

Diante de qualquer dúvida, o leitor poderá recorrer ao primeiro capítulo, onde os conceitos e experimentos acima evocados estão descritos com mais detalhes, e rememorar a noção de *variável local oculta*, relacionada aos fenômenos decorrentes de conexões não-causais. Nosso propósito, neste momento, consistirá em utilizar estas irrefutáveis constatações empíricas para fazer um estudo sobre a lógica da sincronicidade.

O homem moderno, apesar do advento da nova Física, somente consegue compreender um acontecimento se ele opera com variáveis locais conhecidas, ou seja, nos moldes da causa e do efeito. Por esse motivo, diante de quaisquer fenômenos, sejam eles uma reação química, o movimento de uma engrenagem, ou a eclosão de uma doença ou epidemia, ele logo acorre em busca das famosas *causas* dos mesmos. Parece impossível libertar os corações e mentes desse triste binário, essa visão dualista que se expressa nos polos do sim e do não, do certo e do errado, do todo e da parte, da causa e do efeito.

Como ilustração, pensemos no fenômeno da telepatia. Hoje já está, como as pessoas adoram dizer, "cientificamente comprovado" que a telepatia é um fato. Experiências feitas com pessoas colocadas em ambientes separados, ou até mesmo em diferentes continentes, têm auferido resultados que ultrapassam as probabilidades estatísticas. Comprovado o fenômeno, embrenham-se os cientistas em pesquisas que visem detectar as causas (como sempre) do inusitado fenômeno. Imagina-se a telepatia como resultado da emissão de ondas de pensamento, nos moldes de uma transmissão de rádio, que seriam captadas pelo aparelho receptor. Nem mesmo certas doutrinas espiritualistas, que deveriam ter um aporte mais transcendental, conseguem superar esse bem-comportado modelo newtoniano para explicar tal classe de comunicação.

Por outro lado, se esquecermos o paradigma cartesiano, buscando a lógica dentro das descobertas da Física Quântica, teremos como consequência propostas surpreendentes. Em primeiro lugar, por que não pensar que num fenômeno telepático o envio e recepção sejam dispensáveis, e que o suposto receptor já tenha "dentro de si" a mensagem recebida, bastando resgatá-la de seu inconsciente? No caso da escolha simultânea de duas figuras idênticas por parte dos telepatas, por que não considerá-las nem originárias de um nem de outro personagem, mas sim surgida na *inter-relação* entre eles? Por que pensar necessariamente numa coisa saindo de um transmissor e chegando a um receptor? De acordo com os princípios quânticos, o fato de ambos os indivíduos se encontrarem em um tipo de interação, ou seja, o próprio experimento, já nos permite considerá-los pertencentes a um todo, de modo que a noção de uma informação que sai de um lugar para chegar a outro fica simplesmente obsoleta.

Seguindo os passos da nova Física, surgem possibilidades ainda maiores. Lembrando da indiferenciação entre os conceitos de observador e participante, no caso de uma premonição, por exemplo, onde um sujeito prevê um acontecimento, tanto faz considerá-lo como observador quanto de *causador* do mesmo! E, finalmente para não se especular *ad infinitum,* diante da fascinante possibilidade de, em nível experimental, se poder criar o passado, por que não pensar que a atitude mental de um indivíduo ao pressentir um evento já consumado possa determinar sua ocorrência no passado?

Carl Gustav Jung foi um dos pensadores que mais se ocuparam do tema. Indo além da estrutura racional da Psicanálise, Jung transcendeu o determinismo freudiano ao estabelecer que os padrões psicológicos estão conectados não só de forma causal, mas também não-causalmente. Desse modo, sugeriu o termo *sincronicidade* para se referir às conexões não-causais entre as imagens do inconsciente, portanto do interior da psiquê, e os eventos ocorridos no mundo exterior. Jung considerou essas conexões sincronicísticas exemplos específicos de um estado de "ordem não-causal" mais geral na mente e na matéria. Para usar suas próprias palavras, a sincronicidade seria "a coincidência temporal de dois ou vários eventos que não têm relação causal entre si e cujas significações são semelhantes ou parecidas".

Dada a íntima relação, demonstrada pela nova Física, entre as partes e o todo que as contém, a noção de coincidência mais parece um produto da mais ingênua superstição. Dentro da perspectiva cartesiana, uma coisa é considerada coincidência quando não se detectam "variáveis locais" que possam estabelecer uma conexão causal entre dois ou mais fenômenos. No entanto, sabe-se hoje *pela prática experimental* que existem outras classes de variáveis "não-locais" que interferem na nossa realidade de forma inegável e decisiva. Repetindo John Gribbin: "Se tudo o que esteve em interação na altura do Big Bang (o momento da criação) se mantém ainda em interação, então todas as partículas de cada estrela e galáxia 'sabem' de todas as outras partículas do Universo". Dentro dessa linha de pensamento, fenômenos atordoantes tais como o experimento EPR ou o da passagem dos elétrons pelas fendas, descritos anteriormente, poderão ser melhor compreendidos. Partículas que em dado momento estiveram juntas "saberão" de algum modo o que ocorre com suas coirmãs, reagindo de acordo com isso como se permanecessem ligadas por laços invisíveis. Porém, ao final, até mesmo a exigência de que as partículas tenham estado juntas acaba francamente dispensável. Considerando-se que toda matéria tem uma origem comum, cabe perguntar o que no universo nunca teria estado realmente em interação [35].

Apoiando-nos nestas ideias, chegaremos, como se não bastasse tudo o que já foi dito da Teoria Quântica, à surpreendente conclusão de que *todo encontro entre duas partes consiste, em última análise, num reencontro de algo que já esteve unido em alguma dimensão para além do espaço-tempo convencional.* Conceituando-se as partes como representantes e continentes do todo, teremos como resultado imediato que nenhum fenômeno ocorrido no universo poderá ser concebido como isolado ou parcial.

Tolhido pela visão de mundo do século XVII, o homem moderno tem muita dificuldade em compreender a lógica da sincronicidade. A visão mecanicista da natureza traz um determinismo rigoroso, apoiado nessa divisão fundamental entre o homem e o mundo introduzida por Descartes. Porém, toda e qualquer relação entre os diversos componentes do universo estabelecer-se-ia nos moldes da causalidade, isto é, todo fenômeno constituir-se-ia num efeito de um fenômeno anterior, e em causa de algum evento futuro. Tal abordagem permite somente enxergar uma conexão linear entre os diversos fenômenos, que seriam desconectados de quaisquer outros acontecimentos paralelos.

Essa concepção difere totalmente da que os antigos possuíam. Para eles, o universo consiste num todo orgânico, e suas partes encontram-se inter-relacionadas de tal modo que fica impossível pensar-se num fenômeno isolado. Equivale a dizer que para o pensamento antigo não existe aquilo que hoje se chama coincidência. Tal postura frente ao mundo justifica procedimentos como os do oráculo grego consagrado a Hermes, onde, após fazer a pergunta e apresentar as oferendas, o consultante saía à rua com os ouvidos tampados e, assim que deles retirasse as mãos, deveria considerar a primeira frase ouvida como a resposta do deus. Este é um exemplo admirável sobre a exploração da sincronicidade tal como era praticada na Antiguidade. O homem, por sua vez, não se constituía num observador separado do resto do universo, mas em parte integrante do mesmo, como a célula faz parte do corpo de um ser vivo. Platão refere-se à Terra como "um gigantesco animal cósmico", e isso espelha perfeitamente a visão dos antigos acerca da natureza das coisas.

A melhor imagem que se poderia apresentar do universo como um todo coeso é a da rede, bastante utilizada pela mitologia dos mais diversos povos. Imagine o leitor uma rede estendida com suas pontas atadas a quatro estacas dispostas num quadrado. Se pegarmos qualquer setor de um fio e o puxarmos para baixo, veremos que toda a rede, igualmente, vergará na mesma direção, onde os fios mais atingidos serão os mais próximos ao escolhido. Este exemplo expressa adequadamente a ideia: assim como na rede, seríamos incapazes de mexer em um único fio sem alterar a posição dos demais, é igualmente impossível se considerar um fenômeno isolado no universo, e negar sua íntima relação com o Todo. Mas não se trata do determinismo newtoniano, que professa uma conexão linear entre os eventos; consiste numa inter-relação "multidimensional", e principalmente acausal entre os fenômenos do universo.

Para ilustrar a mesma ideia no domínio das chamadas ciências alternativas, tomemos como exemplo a astrologia: esta antiga ciência tem sido vítima das mais variadas críticas, dentre elas a de que consiste numa mera superstição acreditar-se que os planetas influenciem a vida humana. As pessoas que efetuam este tipo de observação não se dão conta da leitura errônea que estão fazendo acerca da abordagem da realidade professada pelas antigas civilizações. A relação que se estabelece entre os planetas e o destino da humanidade não é de natureza causal: por isso, trata-se, senão de um erro, de uma atitude reducionista afirmar que determinado planeta *cause* algum efeito no destino de alguém. A leitura correta é outra: o fenômeno planetário e o fenômeno terrestre são simplesmente duas expressões de uma realidade única, dois fios interligados de uma mesma rede; ao se associar uma realidade com a outra, poderemos compreender melhor o que se passa ao nosso redor, pois todas as coisas ocorrem em sintonia, "assim na terra como no céu".

Desse modo, quando um adivinho associa um trovão no céu com a queda de um reino, por exemplo, ele parte do princípio de que ambos os fenômenos expressam não dois, mas *um único fato real*, ocorrido num outro plano, que os cientistas de hoje situariam *além do espaço-tempo*. Esse fato transcendental, ocorrido numa dimensão além da matéria, irrompe no mundo manifesto em infinitos níveis, o que dá azo aos eventos sincronicísticos. Destarte, ele não revela algo que vá acontecer algum dia, e sim alguma coisa que já efetivamente ocorre além do espaço-tempo, de maneira que não se estará prevendo o futuro, mas expondo um presente situado em outro nível, além da realidade objetiva.

Estes exemplos se ajustam perfeitamente ao conceito que a Psicanálise denomina determinismo psíquico. A transferência consiste em nada mais nada menos que o reencontro de partes que a rigor nunca estiveram dissociadas. O outro com quem o sujeito efetua a transferência não possui qualquer importância objetiva, o que equivale a dizer que a sua identidade pessoal não tem o menor significado. A Física Quântica mostra que a única coisa deveras importante num fenômeno não são os objetos que interagem, e sim a interação em si mesma. Trazendo para o campo psicanalítico, equivale a dizer que, no fenômeno transferencial, o objeto de nosso estudo deverá consistir no *vínculo* que se repete, e não nas pessoas ffsicas que o atuam.

A contribuição que a Teoria Quântica traz à Psicanálise, no entanto, vai muito além disso quando nos impele a substituir o conceito de determinismo psíquico pelo de "determinismo absoluto", onde não apenas a produção individual, mas *todos os fenômenos são expressões de uma realidade subjetiva a eles preexistente*. Dessa forma, subordinamos ao complexo não somente o que o sujeito diga ou faça, mas igualmente tudo o que lhe ocorre, o meio que o cerca, e até mesmo tudo o que ocorreu antes de sua própria existência, o que reafirma a importância das relações sincronicísticas entre os eventos ocorridos na sua vida como material de investigação. Vendo a problemática sob este ângulo, teremos que todos os acontecimentos consistem em símbolos, expressões do mundo interno do sujeito que lhe servirão de referencial na busca do autoconhecimento. E, mais ainda, com o fim da separação clássica entre o sujeito que observa e o objeto ou evento observado, chega-se à conclusão de que, em última análise, *não existe a menor diferença entre vivenciar ou ocasionar um evento.*

Como legado desta discussão, resta-nos um paradoxo. Com base nas declarações efetuadas, chegamos a duas conclusões aparentemente opostas: na primeira, o sujeito constitui-se no único criador da realidade que o cerca, mesmo das coisas que o precedem no tempo formal; na segunda, o indivíduo se configura como mero produto de um Outro, este último não menos indefinido. No melhor estilo do pensamento cartesiano, propomos a pergunta: qual das duas afirmações será a verdadeira? Poderá trazer-nos alívio saber que a este paradoxo já haviam chegado os físicos muito antes de se efetuarem as propostas acima no campo da Psicologia. No primeiro capítulo, onde narramos um resumo das conquistas da Física moderna, mencionamos o desnorteamento dos físicos diante da natureza dual da matéria. Nos seus experimentos, ora os elétrons se apresentavam como partículas, ora como ondas. Pensando que tal resultado decorria de uma limitação experimental, os cientistas insistiam para que a natureza lhes fornecesse uma resposta objetiva, tal como estavam acostumados. Para surpresa geral, além de não se resolverem os paradoxos, estes mais dramáticos se tornavam. Finalmente, a solução adveio não de uma mudança de método experimental, mas na forma de ver o mundo e a realidade, e consistia na simples conclusão de que *a matéria é, em sua essência, ao mesmo tempo onda e partícula, dependendo unicamente da maneira com que se a observa para definir-se entre as duas naturezas.* Portanto, trazendo estas descobertas para o plano da Psicologia e para as teorias acima descritas, teremos a resposta para o paradoxo proposto, que nada mais é do que o reflexo na psiquê desta admirável lei da natureza. A solução consiste em que o indivíduo é, simultaneamente, essência e produto, sujeito e objeto, criador e criatura, senhor e vítima indefesa de seu próprio destino. Se ele há de se configurar para a Psicologia como um universo completo em si mesmo ou em simples fragmento de um Todo abrangente, dependerá da forma com que nos propusermos a observá-lo. As duas faces do homem são igualmente verdadeiras, complementares e indissociáveis, e a Psicologia somente se revestirá de toda a eficiência quando aceitar sem reservas essa realidade fundamental.

CAPÍTULO IV

DE OBSERVADOR A PARTICIPANTE

A CONTRATRANSFERÊNCIA

A medição altera o estado do elétron. Depois disso, o universo jamais será o mesmo. Para descrever o que aconteceu, temos de cancelar a velha palavra "observador", substituindo-a por "participante".

John Wheeler

Todos os efeitos são recíprocos e nenhum elemento age sobre o outro sem que ele próprio seja modificado.

Carl Jung

A Interpretação.

Se formulo uma pergunta sobre a partícula, ele me dá uma resposta sobre a partícula; se faço uma pergunta sobre a onda, ele me dá uma resposta sobre a onda. O elétron não possui propriedades objetivas independentes da minha mente.

Fritjof Capra

Sabemos que o paciente, através de seu vínculo com o analista, tende a reviver antigas relações de objeto, embora não se dê conta de tal fato. A essa repetição inconsciente denominamos transferência, que consiste no núcleo central e na matéria-prima por excelência do labor analítico. Ao se elaborar essa neurose "nova" surgida no consultório, a *neurose de transferência*, o sujeito adquirirá as condições necessárias para modificar suas relações cotidianas.

Em que pese o arsenal disponível ao analista ser relativamente amplo, as intervenções que se revestem de maior força mobilizadora são as interpretações que enfocam a transferência, onde - para falar de uma forma simples - se mostra ao paciente a relação entre os sentimentos nutridos por este último para com o analista e os afetos dirigidos a personagens internalizados, oriundos de suas primitivas relações de objeto. No entanto, embora o alvo da interpretação analítica seja sempre o mesmo (a transferência), a maneira de abordá-la pode dividir-se em duas formas básicas. A primeira refere-se a todo tipo de intervenção enfocando o *aqui e agora*: dedica-se a mostrar o significado transferencial do discurso do paciente, ou seja, a denunciar os afetos infantis depositados no analista, mesmo quando o discurso não se refira concretamente a este último. A segunda mostra ao paciente suas "tendências transferenciais", ou seja, na relação com seus objetos internalizados, não centralizando a questão no aqui e agora nem na figura do analista.

O primeiro tipo constitui-se na ferramenta predileta de alguns analistas, talvez principalmente dos de formação kleiniana. Normalmente, o terapeuta submete o paciente a um verdadeiro bombardeio de interpretações, todas elas traduzindo o discurso deste último para a relação transferencial no aqui e agora. Tal atitude tem como resultado despertar, muito amiúde, sentimentos de persecutoriedade muito intensos, que vêm a prejudicar o estabelecimento de uma transferência positiva. O segundo tipo de interpretação focaliza o sujeito de uma forma mais ampla, e consequentemente mais difusa, visando mostrar seus padrões de vinculação com os objetos em geral. Através desse tipo de intervenção, o analista procura mostrar ao paciente que tipos de vínculo ele tende a estabelecer em seus diversos âmbitos de relação, fora do ambiente psicanalítico.

Suponhamos que um paciente, discorrendo sobre vários aspectos de sua vida, mencione o sentimento de, desde a primeira infância, ser menos amado pelos pais do que seu irmão mais novo; em seguida, muda de assunto e diz o quanto tem sido injustiçado no trabalho, uma vez que outros colegas com menor experiência têm obtido uma promoção, sem que a chefia se lembre dele próprio, que se julga muito mais capacitado; depois, cita um fato ocorrido durante a semana em que se viu diante de uma mulher de quem gostaria de se aproximar, mas que por fim não teve coragem para tanto, supondo que ela já tivesse um namorado.

Nossa tarefa nesses momentos será a de estabelecer o ponto em comum de seu discurso, e a intervenção consistirá em mostrar ao paciente o quanto ele, em relação aos objetos que valoriza, tende a se sentir menos amado do que crê necessitar, e sempre preterido em relação a um outro que acaba detendo o amor a ele devido. No caso da moça, agregado às outras ideias que continham este sentimento, ele queria dizer que titubeara em seu propósito de dela se aproximar por medo de ter o mesmo destino. Note-se que, neste tipo de intervenção, não procuramos concluir alguma coisa, mas antes de mais nada mostrar o sujeito "em vinculação aos objetos" para ele mesmo. Mostramos-lhe o quanto ele tende a estabelecer vínculos onde se sente preterido. Desse modo, quando chegar o momento em que esse paciente, por exemplo, mencionar sentir-se enciumado pelo fato de termos atendido outros pacientes antes dele, ou mesmo levantar a suspeita de que não nos apraz atendê-lo, possamos mostrar-lhe que, mais uma vez, ele se encontra diante de um sentimento de ser preterido, tal como aconteceu com seus pais, em seu trabalho, na relação amorosa, etc. Tornamo-lo ciente de que, mais cedo ou mais tarde, de uma maneira ou de outra, ele próprio coloca seus objetos de amor na posição de rejeitá-lo. Assinalamos igualmente o paradoxo de que esse tipo de experiência, a despeito de causar muito sofrimento, constitui-se por outro lado em uma fonte de prazer, cujas razões dependerão de dados mais detalhados sobre o paciente.

Diante da pergunta sobre qual a vantagem de se proceder assim, diria que a primeira delas consiste no fato de que as interpretações da transferência, quando utilizadas muito seguidamente, além de despertar persecutoriedade, podem perder muito da sua eficiência, dando "anticorpos" ao paciente, que irá perdendo paulatinamente a sensibilidade para com as intervenções. O método estereotipado de interpretar tende a favorecer a resistência do analisando, uma vez que dá o "mapa da mina" a suas defesas, e prejudica a capacidade deste em aceitar as próprias interpretações. Por outro lado, qualquer interpretação da transferência ganha muita eficiência quando a atrelamos a muitas outras que tenhamos oferecido ao paciente, onde procuramos enfocá-lo "em atuação" frente aos objetos existentes em seu universo cotidiano. A interpretação da transferência, se munida das próprias referências e da linguagem pessoal do paciente, reveste-se de uma autoridade e de uma eficiência jamais alcançadas através da técnica mais tradicional, visto que possibilita ao paciente reconhecer como seu o material devolvido, reduzindo sua resistência a este último. Aliás, é imprescindível que o analista saiba adaptar-se ao nível de linguagem e à capacidade de abstração do paciente, como se possuísse uma espécie de "reostato" interno, pois não existe nada mais estéril do que uma linguagem padronizada e impessoal na tarefa de atingir o íntimo de uma pessoa. Como testemunho profissional, tenho a dizer que, uma vez praticada esta filosofia, as resistências em admitir a veracidade das interpretações tende a zero, e os pacientes passam a aceitá-las com relativa tranquilidade, pois, de algum modo, já consideram o conteúdo apontado como familiar. Como vantagem adicional, o problema do *timing*, ou seja, da escolha do momento ideal para interpretar, perde muito a sua dramaticidade, visto que as interpretações do paciente em transferência têm o dom de prepará-lo para ouvir a interpretação da transferência que a elas se segue. O próprio Freud, em seus conselhos aos principiantes, recomenda que se faça determinada interpretação somente quando a verdade nela contida esteja perto da consciência do paciente, e nada mais salutar para trazê-la mais próximo à consciência do que apontá-la quando surge "em transferência".

Estas considerações não parecerão estranhas aos lacanianos, uma vez que Lacan enxerga na interpretação, definida como um manejo da transferência, duas funções, a pontuação e a construção, que se aproximam sobremaneira dos conceitos acima expostos. A pontuação resume-se numa espécie de demarcação que o analista faz no vasto território da associação livre; na terminologia do próprio autor, ela se presta à "demanda do saber" feita pelo paciente. Já a construção se relaciona à demanda de amor do paciente, e ocorre quando o analista dá um sentido a uma sequência associativa do analisando.

Resta a interrogação sobre quando utilizar uma e outra. Baseados nos comentários acima, podemos ainda dizer que o ideal consistiria em se apontar as tendências transferenciais, como ferramenta normal de trabalho, quando o paciente *expressar* suas fantasias em suas narrativas, deixando a interpretação da transferência para quando o paciente *atuar* essas mesmas fantasias na relação com o analista. Temos ainda como vantagem adicional o fato de podermos, ao interpretar, utilizar a linguagem do próprio paciente quando nos referirmos aos assinalamentos feitos previamente em seu discurso.

A Física Quântica, da sua parte, já vem se servindo da possibilidade de se abordar um objeto desde duas perspectivas diferentes e complementares. Lembrando o que foi dito no primeiro capítulo, acerca do princípio da incerteza, descobriu-se que o elétron tem duas faces coexistentes, denominados "o elétron-em-posição" e "o elétron-em-velocidade". Vimos que o enfoque de uma dessas faces tornava obscura a outra por consequência. A noção de complementariedade, por sua vez, ensina-nos que, diante dessa ambiguidade da natureza das partículas subatômicas, devemos utilizar ambas as características para formar uma descrição mais completa da realidade atômica. Em se crendo no próprio Niels Bohr, que ao introduzir o conceito de complementariedade sugeriu que sua utilidade transcenderia o campo da Física, poderemos aplicá-lo no tema em estudo, equiparando o "elétron-em-velocidade" com o "paciente em transferência", e o "elétron-em-posição" com o "paciente atuando a transferência".

Da mesma forma que ocorre no mundo subatômico, o "paciente em transferência" surge como uma "tendência a ocorrer", uma onda de probabilidade cujas propriedades são ditadas por sua estrutura prévia, que conhecemos como complexo; aqui, o objetivo da interpretação será uma mera virtualidade, e não um fato concreto. O "paciente atuando a transferência", por sua vez, representa uma cristalização desse mesmo complexo no nível do agora, na relação transferencial com o analista. Nesse dado momento, toda a virtualidade se transforma em fenômeno através da atuação psicodramática do paciente na situação da análise.

Isenção e contratransferência.

Uma análise cuidadosa do processo de observação na Física atômica mostra que as partículas subatômicas carecem de significado como entidades isoladas e somente podem ser entendidas como interconexões, ou correlações, entre vários processos de observação e medição.

Fritjof Capra

O terapeuta deve estar o tempo todo atento a si mesmo, vigiando o modo como está reagindo diante do paciente. Pois nós não reagimos somente com nossa consciência.

Carl Jung

Nos anais clínicos, a contratransferência raras vezes é mencionada. Na minha opinião estes fatos são devidos, antes de mais nada, a uma resistência. Parece que entre os temas analíticos a contratransferência é tratada como um filho de quem os pais se envergonham.

Heinrich Racker

Após deparar, em sua experiência clínica, com o fenômeno da transferência, e sua relação com a resistência, Freud descobriu que no analista podem surgir impulsos e sentimentos para com o paciente, que venham a prejudicar sua capacidade de compreensão e interpretação do material analítico. Denominou-o *contratransferência,* devido a sua estreita ligação com a transferência, aconselhando que o analista procure identificá-la e dominá-la para que não se constitua num empecilho para seu trabalho. O fato dos candidatos a analista se submeterem à análise, portanto, constituir-se-ia num expediente necessário para reduzir a influência nefasta do mencionado processo.

Da mesma forma que ocorrera com a transferência - apontada por Freud como simultaneamente o maior perigo e o maior instrumento de trabalho - a contratransferência, de início considerada como um obstáculo à análise, viria a se constituir em mais uma importante ferramenta, visto que poderia servir ao analista como um indício sobre o mundo interno do paciente. Ferenczi, num artigo de 1919 (*A Técnica Psicanalítica*), foi o primeiro a enxergar a contratransferência como um instrumento a ser utilizado na análise. A partir da década de 1950, o polonês Heinrich Racker e a britânica de origem alemã Paula Heimann enfatizaram o uso da contratransferência como instrumento de observação e uma referência para a elaboração das interpretações.

Racker, em seus *Estudos Sobre Técnica Psicanalítica*,[36] destaca a importância da contratransferência na condução do processo analítico. No mencionado trabalho, o autor denuncia o pouco caso com que o tema vem sendo vem sendo tratado pela comunidade psicanalítica. Apesar de se constituir numa questão cuja importância deu origem à instituição da *análise didática*, processo ao qual os candidatos devem se submeter para se tornar psicanalistas, Racker aponta que a contratransferência foi relativamente olvidada ao longo dos quarenta anos seguintes a seu descobrimento. Na tentativa de explicar esse contraste, Racker atribui à resistência dos psicanalistas frente à própria contratransferência essa rejeição para com o assunto. Afirma que isso se deve a deficiências da própria análise didática, na qual problemas contratransferenciais, insuficientemente resolvidos no analista didata, facilitariam a criação de pontos cegos que comprometem a total eficácia do processo. Nas suas próprias palavras:

"A insuficiente dissolução das idealizações e das angústias e sentimentos de culpa subjacentes leva a dificuldades especiais, ao converter-se a criança em adulto e o paciente em analista, dada a exigência dirigida a si mesmo de ter realizado amplamente a identificação com aqueles ideais. Creio que daí provém o fato de terem tratado muito mais o complexo edípico da criança com os pais do que o dos pais com os filhos, e muito mais o complexo edípico do paciente com o analista do que o do analista com o paciente. Por isso, tratou-se muito mais da transferência do que da contratransferência...

"Em resumo: a repressão da contratransferência (e outros mecanismos de defesa referentes a ela) leva necessariamente a deficiências na análise da transferência, o que, por sua vez, leva à repressão (etc.) contratransferencial, enquanto o candidato se converte em analista. É uma herança de geração em geração, igual à das idealizações e negações em relação às imagos dos pais, que continuam operando até a criança converter-se em pai ou mãe. A mitologia infantil continua na mitologia da situação analítica, e o próprio analista submete-se, parcialmente, a ela, colaborando inconscientemente para sua manutenção no candidato...

"A objetividade do analista consiste, principalmente, numa determinada posição tomada ante a própria subjetividade, a 'contratransferência'. O ideal neurótico (obsessivo) da objetividade leva à repressão e ao bloqueio da subjetividade; seria a realização (aparente) do mito do 'analista sem angústia e sem tédio'. O outro extremo neurótico é o 'fundir-se' na contratransferência. A verdadeira objetividade baseia-se numa forma de desdobramento interno que capacite o analista a tomar-se (sua própria subjetividade ou contratransferência) como objeto de sua observação e análise contínuas. Esta posição capacita-o, também, a ser relativamente 'objetivo' com o paciente".[37]

O problema da contratransferência recebe os mais diversos tratamentos por parte das diversas escolas psicanalíticas. A tendência geral, no entanto, parece ser a de manter-se uma certa distância do assunto, que pode chegar ao extremo de se ignorá-lo completamente. Os freudianos ortodoxos, por exemplo, preferem optar pela arrogância: a partir do momento em que se submetem à análise didática, encarada como uma espécie de processo transcendental, consideram-se acima das vicissitudes da contratransferência. Aqui, eles parecem ter optado por ignorar a advertência do mestre, que disse que nenhum analista pode levar seu paciente além da sua própria capacidade de questionar-se. Os junguianos, apesar das recomendações do próprio Jung, não incluem a questão em suas principais preocupações. Quanto aos psicólogos não-iniciados na Psicanálise ou aqueles que abraçaram um suposto "ecletismo" em sua atuação, parecem simplesmente alheios à problemática, como se jamais tivessem ouvido falar no assunto.

Lacan por sua vez empenhou-se em denunciar a resistência do psicanalista, no que não foi compreendido até mesmo por alguns de seus seguidores. Nos primórdios da teoria psicanalítica, atribuía-se todo e qualquer emperramento da relação analista-paciente a uma resistência deste último, e a esta concepção se apegaram, sem dúvida por comodidade, a maioria dos analistas. Admitir as próprias dificuldades na relação com o paciente fere profundamente o narcisismo de alguns, por envolver uma delicada questão de poder. Todavia, ironicamente o próprio Lacan prestou-se a um equívoco. Alguns citam Lacan ao dizer que "não existe contratransferência", o que não passa de um mal-entendido. Ao mencionar a contratransferência, Lacan questiona uma suposta diferença entre o analista e seu paciente que poderia ser depreendida da noção freudiana do mesmo fenômeno. Ao se falar em uma "contra" transferência, parece que dizemos que o único que transfere é o paciente, e os sentimentos do analista se resumiriam a uma reação a esse fenômeno. Ao se questionar o prefixo "contra", portanto, pretende-se simplesmente destituir o analista do patamar superior a ele atribuído pela ortodoxia, e não negar o fenômeno em si mesmo.

Uma corrente psicanalítica mais afinada com a importância da contratransferência no labor psicanalítico, que é a kleiniana, exerce grande influência na teoria de Pichón-Riviere, cuja escola dedica bastante atenção a essa problemática. Tenho presenciado algumas discussões entre colegas psicólogos ou psiquiatras a respeito do tema, e ouvido muitas opiniões, que vão de um extremo ao outro. No entanto, talvez como uma das consequências do ostracismo ao qual o problema tem sido relegado pelo *status quo* psicanalítico, os argumentos costumam resumir-se a meros palpites pessoais, sem um respaldo técnico ou filosófico que os sustente. Todavia, a discussão ultrapassa em muito os domínios da preferência pessoal, ou do acreditar ou não na sua importância. O fato de se ignorar um processo como esse não salvaguarda ninguém de seus efeitos nefastos.

Talvez nenhuma outra disciplina possa fornecer um melhor suporte filosófico para esta questão psicanalítica quanto a Física moderna: uma das mais importantes contribuições desta última é a concepção do universo como uma rede interligada de relações. A natureza ondulatória das partículas subatômicas traz-nos entre outras coisas a noção de que o *ser* da matéria, ao contrário do que preconiza a Física clássica, não pode ser separado de sua atividade. As partículas subatômicas somente se constituem como tais quando submetidas ao movimento, interação e transformação. Todas as experiências levam inevitavelmente à conclusão de que, a esta altura do conhecimento científico, é impossível conceber-se uma separação fundamental entre o sujeito que observa e o objeto da observação. Repetindo John Wheeler: "Nada é mais importante acerca do princípio quântico do que isso, ou seja, que ele destrói o conceito de mundo como 'algo que existe lá fora', com o observador em segurança e separado dele por uma chapa de vidro de 20 cm de espessura. Até mesmo para observar um objeto tão minúsculo como um elétron, ele precisa despedaçar o vidro. Precisa poder atingi-lo. Precisa, então, instalar seu equipamento de medida. Cabe a ele decidir se deve medir a posição ou o *momentum*. A instalação do equipamento para medir um deles exclui a instalação do equipamento para medir o outro. Além disso, a medição altera o estado do elétron. Depois disso, o universo jamais será o mesmo. Para descrever o que aconteceu, temos de cancelar a velha palavra 'observador', substituindo-a por 'participante'. Num estranho sentido, o universo é um universo participante" [38].

John Watson, fundador do behaviorismo, pode ser tomado como exemplo extremo da crença na isenção "científica". Foi ele quem teve a inspiração de reduzir a Psicologia a um estudo do comportamento. Visando guindar a Psicologia à condição de ciência *objetiva*, tinha como parâmetro todo o rigor preconizado pela Física clássica, o que exigiria dos psicólogos o assumimento da posição de observadores independentes na efetivação das suas pesquisas. Além disso, o objeto de estudo consistiria exclusivamente nos fenômenos passíveis de observação e medição, o que o levou a eliminar conceitos subjetivos como *mente, pensamento,* ou *consciência.* B.F. Skinner, seguindo a mesma linha, declara inexistentes todos os fenômenos associados à consciência, como a mente ou as ideias, segundo ele "inventadas para fornecer explicações espúrias". Acreditando exclusivamente na concepção mecanicista dos organismos vivos, advinda da filosofia de Descartes e da Física de Newton, rejeita quaisquer fenômenos que não se adaptem a esses valores: "Dada a afirmação de que faltam aos eventos mentais ou psíquicos as dimensões da ciência Física, temos aí uma razão adicional para rejeitá-los (1953, p.30/1). A mesma ideia, nas palavras de Watson: "A Psicologia, tal como o behaviorista a vê, é um ramo puramente objetivo, experimental, da ciência natural, e necessita da consciência tão pouco quanto a Física e a química" (1914, p.27). Por uma ironia do destino, porém, pouco mais tarde um expoente da Física, Eugene Wigner, declararia: "Foi impossível formular as leis (da teoria quântica) de um modo plenamente consistente sem se fazer referência à consciência". Bernard D'Espagnat faz coro a Wigner: "A doutrina de que o mundo é formado por objetos cuja existência é independente da consciência humana mostra-se em conflito com a Mecânica Quântica e com fatos estabelecidos por experimentos" [39].

Se na esfera das experiências subatômicas chega-se a uma conclusão dessa envergadura, a de que o simples fato de se observar o interior de um átomo tem o poder de transformá-lo, e por extensão a todo o universo, o que dizer da fluida relação existente entre duas pessoas, tal como acontece na relação analítica? A pretensão de que o analista possa ficar absolutamente isento na relação com o paciente, de forma a assumir uma posição dita objetiva frente ao trabalho analítico, afronta a todas as descobertas feitas já há mais de meio século dentro da ciência tida como paradigma de objetividade, assumindo ares de uma verdadeira superstição medieval. Infelizmente para aqueles que se sentiam seguros e protegidos por essa convicção, nada mais existe que sustente a concepção objetiva cartesiana, em área alguma do conhecimento humano.

O mito do observador isento era sustentado por uma visão de mundo que desabou, escorada nas corroídas vigas da Física newtoniana. Apegar-se teimosamente a uma posição hoje em dia imputável como anticientífica traz o risco da Psicanálise vir a perder o bonde da história, tornando-se uma doutrina enrijecida e dogmática. O maior entrave para a conscientização dessa realidade irretrucável assenta suas bases, segundo parece, no âmbito emocional. A atitude de "isenção científica" dentro do labor analítico se apresenta como um excelente refúgio para aqueles que receiam entrar em contato com o próprio íntimo, e se sentem ameaçados pela problemática alheia. Sem dúvida, resulta bem mais cômodo esconder-se atrás de uma mesa de consultório, de uma máscara de inexpressiva seriedade, de um tom de voz monocórdico, de interpretações esvaziadas de afeto, do que expor-se "desnecessariamente" a toda a vibração característica da alma humana. A pretexto de se manter uma suposta seriedade profissional, a distância afetiva, a exagerada rigidez, a empáfia, a manutenção de uma imagem olímpica e de um silêncio obstinado por parte de certos profissionais podem se tornar um excelente escudo contra a própria insegurança. Entre os objetivos deste trabalho, está o de assinalar que não há a menor necessidade de se ficar à margem de tantos progressos verificados em outras ciências, visto que entre as diversas contribuições dadas à teoria psicanalítica há aquelas que se adequam perfeitamente aos novos tempos.

A primeira consequência desta abordagem consiste em estabelecer-se como objeto de análise não mais o paciente, mas *o vínculo formado entre paciente e terapeuta*. Conforme vimos no segundo capítulo, dentro do enfoque da psicopatologia vincular, o vínculo constitui-se na unidade mínima sobre a qual poderemos falar em diagnóstico: o equivalente deste conceito na prática psicanalítica é o de que o objeto de tratamento analítico não será mais somente o paciente, mas a díada paciente/terapeuta. Dessa forma, assim como os físicos já não lidam simplesmente com partículas, mas com interações, o material de trabalho do psicanalista já não se constituirá em uma pessoa concreta, mas num espaço virtual - o vínculo - existente entre o paciente e ele próprio. Assim sendo, salta à vista a necessidade de se considerar a contratransferência como fator decisivo para análise, visto que sua produção, tal qual toda manifestação da díada, deve ser vista como material de trabalho. O analista, longe de ser um indivíduo isolado, constitui-se, na relação com o paciente, em um representante do lado autocrítico e desejoso da cura e do autoconhecimento por parte deste último. Qualquer fenômeno, pensamento ou atuação do paciente, corresponde a um movimento na díada; pode-se dizer que a primeira qualidade que se deve esperar do analista é a de possuir a estrutura necessária para descer simultaneamente ao próprio inferno e ao do outro que se lhe apresenta sob a forma de um paciente, mas que invariavelmente simbolizará aspectos internos do próprio terapeuta.

Uma das consequências inevitáveis dessa filosofia de trabalho se verifica na atividade de supervisão. Ficam visíveis as limitações das supervisões do tipo "burocrático", vale dizer, aquelas que visam somente a conduta técnica do supervisando, sem considerar a contratransferência. O supervisando traz um suposto paciente em uma ficha ou folha de papel, e o supervisor, entrando na mesma fantasia, trata de um paciente imaginário, ignorando a impossibilidade de se separar a figura deste último da figura do terapeuta que o assiste. Na supervisão, o paciente deve ser encarado antes de mais nada como um aspecto do próprio supervisando, e é este o ponto que ela deve abordar: ao proporcionar que o supervisando elabore essa figura interna, tem-se como resultado uma melhora na relação com o paciente concreto. Em suma, trata-se do mesmo modelo que norteia a própria análise: tratada a relação com as figuras internalizadas, o sujeito automaticamente melhorará a relação com as pessoas a ele ligadas na vida cotidiana.

"Quanto mais se reza, mais a assombração aparece", diz o ditado que se aplica perfeitamente à situação analítica. Quanto mais o analista tenta ignorar o fenômeno contratransferencial, mais ele se deixa enredar nas suas malhas, pois, ao analisar alguém, não temos senão duas alternativas possíveis: ou detectamos e elaboramos a contratransferência, ou estamos condenados a atuá-la na relação com o paciente. O discurso do paciente, bem o sabemos, divide-se em dois aspectos: o manifesto, ou seja, aquilo que as palavras retratam concretamente, e o latente, que envolve o significado inconsciente dessas mesmas palavras. Por isso, desde o ponto de vista da resistência, pode-se verificar como todo o tempo o paciente nos propõe fazer alianças com as suas defesas. O analista que, mesmo sem percebê-lo, assinar qualquer um desses acordos tácitos, estará criando um ponto cego na relação que poderá vir a comprometer o sucesso da análise.

Portanto, a única maneira de se obter a tão decantada objetividade na atividade analítica, tornando-a verdadeiramente eficiente, é a de se manter constantemente atento para com os sentimentos que o paciente nos evoca enquanto discursa. Embora à primeira vista pareça uma tarefa simples, o assumimento desta atitude consiste na tarefa mais difícil de se cumprir na análise. O maior perigo se encontra na racionalização: sob um pretexto técnico qualquer, pode o analista utilizar suas próprias interpretações como forma de atuação contratransferencial!

Os exemplos são praticamente inesgotáveis, mas não custa apresentar alguns. Se for trazido algum conteúdo temido pelo analista, este, a pretexto de investigar melhor outros assuntos, pode tender a evitá-lo inconscientemente. Se o paciente assumir uma atitude de competição, aquele poderá usar a interpretação para mostrar-lhe quem é que "manda" realmente na relação, transformando o tratamento em uma mera disputa de poder. Um paciente masoquista pode induzir o terapeuta a utilizar a interpretação como castigo, assim como um tipo oral pode transformar, na fantasia, as interpretações em uma forma de alimento, descaracterizando com isso o sentido e a eficácia das mesmas. Sentimentos de persecutoriedade e de raiva podem transformar as intervenções em um instrumento de vingança, assim como uma culpa inconsciente de não estar suprindo adequadamente o analisando pode induzir o analista a interpretar mais do que o necessário como uma forma de compensação por sua suposta incompetência, etc.

Embora possamos não nos dar conta a princípio, estes exemplos não retratam possibilidades remotas, e sim uma ameaça real e constante ao labor analítico, que paira sobre todos nós que desempenhamos tal função. A obrigação de um supervisor é desvencilhar constantemente o supervisando das armadilhas da contratransferência ainda não elaborada. Do mesmo modo, conforme já tivemos oportunidade de assinalar, deve o analista prestar toda atenção aos sentimentos que o discurso do paciente lhe evoca, e elaborá-los para devolvê-los em forma de interpretação. Para se dar um exemplo simples, se em determinado momento nos percebemos sentindo pena do paciente em função do que ele nos diz, devemos mostrar-lhe o quanto ele busca despertar esse sentimento nas pessoas.

Tão evidente é a força da contratransferência, que, se assim desejarmos, poderemos verificar seus efeitos não somente na relação analítica, mas igualmente nos fenômenos ocorrentes na própria relação de supervisão. Da mesma forma que se sucede com o analista, pode o supervisor ser induzido a atuar com o supervisando de uma maneira equivalente à que este último atua com o paciente. Por exemplo, um sentimento de tédio ou desinteresse em escutar o relato do supervisando pode denunciar o tédio que o mesmo sente ao atender o paciente cujo caso está sendo supervisionado. O mencionado fenômeno se dá pelo fato do supervisando trazer internalizado o vínculo que ele formou com o paciente, tendendo a dramatizá-lo na supervisão. As supervisões grupais podem ser bastante enriquecedoras, por darem a oportunidade de se observar os efeitos da contratransferência em grupos relativamente grandes de pessoas.

Certa vez, um aluno trouxe um caso para supervisão em classe, e ocorreu que este não conseguia levar adiante seu relato sem que o grupo o interrompesse insistentemente, a maioria das vezes com comentários jocosos sobre algum aspecto cômico da narrativa. A situação chegou a tal ponto que o próprio supervisando se enfureceu, protestando com veemência contra a atitude que classificou como antiprofissional de seus colegas. Indaguei como se sentia, obtendo como resposta que se sentia profundamente humilhado e ressentido com a forma de tratamento que recebia da classe. Nesse momento, perguntei aos outros como haviam se sentido ao ouvir o relato do colega, obtendo como resposta que sentiam pouca disposição em ouvi-lo, como se seu relato fosse totalmente desinteressante, embora por vezes tivesse provocado risadas no grupo. Ao próprio, tornei a pedir que prestasse atenção em tudo o que sentira, em cada detalhe de seu ressentimento e de sua queixa, e chamei a atenção para um aspecto de seu paciente: uma das queixas era justamente de que ele não conseguia encontrar um lugar na família, sentindo-se preterido e mal amado, sendo muitas vezes humilhado pelos irmãos. Os sentimentos de seus colegas, por sua vez, reproduziam a atitude da família para com o indivíduo em questão.

Em outra situação, acabando o horário da aula teórica, restava-nos uma hora para fazer supervisão. Mas, por alguma razão, a classe não parecia disposta a isso, pois os alunos continuavam a fazer perguntas sobre a matéria dada, como se tivessem esquecido da próxima atividade. Faltavam cinco minutos para o horário terminar, quando uma moça, bastante aborrecida, disse sentir-se lesada, pois estava aguardando todo aquele tempo para expor um caso, enquanto os colegas não paravam de fazer perguntas superficiais. Propus um trato: se ela havia se permitido falar somente a aquela altura do horário, então que assumisse que sua exposição duraria exatamente os cinco minutos que faltavam. Minha atitude, obviamente, não se resumia a uma obediência irrestrita ao horário, e sim ao procedimento básico de crer que aquilo se constituiria em um dado importante para a própria supervisão. Não precisei esperar muito: logo de imediato, surgiu a história de uma pessoa que se sentia alijada do meio em que vivia, sem a oportunidade de expressar-se para os outros. Aliado a esta queixa, havia problemas na relação com o tempo, que o paciente via passar como que ao largo de sua vida, sem que pudesse construir algo para si. A terapeuta, na condição de supervisanda, havia atuado sem se dar conta todo o drama de seu "paciente internalizado", juntamente com o resto da classe, que fez as vezes da família deste último.

O analista não habituado a efetuar essa vigilância interna, hábito esse que somente se adquire com a prática constante aliada a uma disponibilidade para a introspecção e ao autoquestionamento, torna-se presa fácil das armadilhas contratransferenciais, perdendo qualquer possibilidade real de proporcionar uma mudança a seus pacientes. Ao atuar a contratransferência, o terapeuta simplesmente confirma as fantasias do paciente, tornando-as ainda mais sólidas e arraigadas.

Os exemplos são inúmeros, de maneira que não é preciso fazer esforço algum para lembrá-los. Certa vez, ao participar de um *workshop* junto com vários colegas, testemunhei um caso interessante. Uma psicóloga que se submetia ao *workshop* recebeu em dado momento uma interpretação da terapeuta que dirigia o mesmo. A interpretação assinalou que ela tendia a assumir uma posição infantil perante os outros, desde a qual pedia constantemente amparo e proteção da mesma forma que uma menina muito pequena pode pedir a seus pais. Esta atitude, obviamente, muito a prejudicava quanto ao assumimento de sua maturidade e de todo o seu potencial profissional. Na hora, a pessoa limitou-se a ouvir: contudo, ao final das atividades, manifestou com veemência a sua indignação contra uma interpretação que julgara falsa e descabida. O resto da história soubemos por ela própria dias mais tarde. No dia seguinte, em sua análise particular (de cinco sessões semanais!), ela narrou o acontecido ao analista. Disse-nos que seu analista havia ficado "muito bravo" por esse fato. Chegara a esmurrar a própria mesa, dizendo que aquela psicóloga "não tinha o direito de interferir no seu trabalho".

Causa estranheza ver um analista experiente prestar-se a esse papel. Ele, ironicamente, com a conivência da paciente, havia comprovado com sua atuação psicodramática a veracidade da interpretação efetuada no *workshop*. Sua atitude deu todas as garantias à sua paciente de que ela permanecesse na situação de dependência infantil em relação a seu pai-analista. No entanto, a motivação deste último não foi outra, em última análise, que não a de ter se sentido ameaçado por uma concorrente que poderia roubar o afeto e a admiração de sua pupila. Faz parte das mazelas de um Édipo mal resolvido o medo de ocupar o lugar de um terceiro excluído. Assim, toda atuação da contratransferência, sem exceção, obedecerá a impulsos totalmente egoístas por parte do terapeuta.

O material demonstrado até aqui, embora possa parecer suficientemente eloquente, não consegue esgotar a magia da contratransferência, pois ela envolve também os eventos sincronicísticos, que não podem ser ignorados por qualquer observador atento. Reproduzirei aqui alguns casos oriundos da minha própria experiência, de maneira a ilustrar como a sincronicidade pode ser utilizada como auxiliar da tarefa analítica.

Certa vez um paciente, então estudante do quinto ano de Psicologia, trouxe uma história ocorrida em seu grupo de supervisão que o havia deixado muito mobilizado e deprimido. Uma de suas colegas havia se alterado com o supervisor, e, numa cena altamente dramática, saíra chorando inconsolável da sala onde ocorria a reunião. O motivo da contenda fora o fato do supervisor não lhe ter concedido permissão para atender a determinado caso. O paciente acrescentou uma crítica pessoal ao supervisor, dizendo que este último não conseguia o respeito do grupo, nem impor-se nas supervisões. Por isso, achava-o um tanto passivo, omisso, e alheio à dinâmica do grupo, que parecia nutrir certo ressentimento contra ele. A história despertara-lhe um mal-estar muito intenso e desproporcional, de maneira que não conseguia libertar-se de uma "sensação muito ruim" que o acompanhava há dias.

Ao ouvir o relato desse paciente, pude reparar uma inegável semelhança entre o ocorrido e o assunto que vinha sendo abordado ultimamente na análise. O paciente tinha um pai ao qual imputava as mesmas falhas apontadas no supervisor: era extremamente passivo e omisso perante a família, o que despertava nos filhos uma raiva e desprezo indisfarçados. Vivera uma experiência altamente traumática, o suicídio de uma irmã, com cuja solidão e desamparo se identificava e solidarizava sem reservas. Com base nesses dados já conhecidos, ocorreu-me perguntar quantas pessoas constituíam o grupo de supervisão: eram oito, o mesmo número de filhos que compunham sua família. Apontei-lhe em seguida o quanto as queixas contidas no discurso de sua colega, relatado por alto na sessão, se assemelhavam às acusações que ele e seus irmãos faziam ao pai. A cena vivida na faculdade, então, descortinava-se agora no seu verdadeiro e terrível significado: constituíra-se num psicodrama involuntário da dinâmica familiar do paciente, onde sequer faltou o suicídio da sua irmã muito querida, representado pelo gesto abrupto que a moça cometera saindo da sala. O mal-estar provocado pela experiência, portanto, não era nem um pouco desproporcional, como a princípio sugeriam as aparências.

Em outra ocasião, quando ia efetuar uma supervisão, vivi uma interessante experiência. Estava na sala de espera quando chegou a psicóloga a quem deveria supervisionar. Imediatamente, nos dirigimos à minha sala, onde constatei que a fechadura havia emperrado de tal modo que não se conseguia abri-la de maneira alguma. Importante observar que eu não a havia trancado com a chave: o problema tinha ocorrido com a porta destrancada. Apesar disso, tão sério era o defeito que a porta somente pôde ser aberta horas mais tarde, com a ajuda de um chaveiro. A supervisanda interpretou o fato, em tom de brincadeira, como um sinal de que eu não estaria disposto a atendê-la naquele dia. Como nós dois já conhecíamos, comentando amiúde sua proverbial síndrome de abandono, rimos juntos diante da sua interpretação.

Ato contínuo, dirigimo-nos a outra sala, que estava disponível naquele momento. Lá chegando, a supervisanda lançou mão de anotações, feitas em seu caderno, sobre um menino de doze anos a quem estava começando a atender. No decorrer da supervisão, evidenciou-se o quanto a terapeuta, movida pela contratransferência, identificava-se com o abandono afetivo em que vivia aquela criança. Tal sentimento deixava-a travada, dificultando muito sua atuação. Até aqui nada fora do comum, uma vez que as supervisões visam mostrar justamente as vicissitudes da contratransferência, não fosse uma coincidência notável. Dentro das anotações da sessão supervisionada, estava uma queixa do paciente quanto à indiferença do pai para consigo. Ele dificilmente conseguia conversar com o pai (este aparentemente um psicopata), que passava longas horas trancado na garagem da casa entregue a seus afazeres. Muitas vezes o menino tentava lá entrar, encontrando a porta trancada. Fez-se evidente a relação entre essa história e o ocorrido com a porta da minha sala, que, por coincidência, tinha sido antigamente a garagem da casa que se tornara meu consultório. A supervisanda, ao expressar suas fantasias de rejeição despertadas pelo fato, nada mais fez que reproduzir a história do paciente, com a qual se identificara de maneira tão profunda.

O fato de utilizarmos a sincronicidade não implica que tenhamos que nos tornar místicos de salão, nem transformar nosso consultório numa tenda de milagres. Este recurso não deve ser encarado como algo sobrenatural, nem procurado avidamente para fugir do tédio ou impressionar a quem quer que seja. Nesse caso, estaríamos incorrendo na escopofilia, nos mesmos moldes que acontece quando desejamos esquadrinhar a mente de um paciente de forma ansiosa e atabalhoada. A atitude ideal a se assumir é a de não se ficar procurando detalhes espetaculares a cada sessão: devemos estar abertos para quando acontecerem, mas não ansiar por eles nem mistificá-los, e muito menos nos arvorar em gurus para o paciente. A estes últimos, que não nos procuraram para assistir a *shows* de mágica, o quanto menos alarido fizermos com as interpretações, mais eficazes elas serão.

Os casos de sincronicidade aqui relatados, seguramente, não são os mais insólitos que tive oportunidade de vivenciar, na atividade analítica, nas supervisões ou em minha vida pessoal. Contudo, a maioria destes casos mais complexos exigiria, para serem compreendidos, um volume exagerado de informações e detalhes sobre as situações e as personagens envolvidas, o que não só tornaria sua transcrição inviável, como também invadiria a privacidade das pessoas que delas participaram. A lição mais importante a se extrair das ideias expostas acima pode se resumir em poucos itens. Em primeiro lugar, a noção de um determinismo absoluto, não causal, que ultrapassa as fronteiras do determinismo psíquico, e explicaria os eventos sincronicísticos através do conceito de variáveis não-locais. Em segundo, que esses mesmos eventos não servem apenas para nos maravilhar, e sim consistem em símbolos, dos quais poderemos extrair importantes lições para nossa vida e para nosso autoconhecimento. E por último, que nesses fenômenos o que realmente importa são os vínculos encenados, e não os personagens neles envolvidos. Desse modo, pode-se entender a transferência como um drama subjetivo que pode trocar constantemente seus atores, perpetuando-se por toda uma vida, e até mesmo por várias gerações de uma família. Apesar de tudo, não temos dito aqui grandes novidades. Estas maravilhosas possibilidades do universo, antigas conhecidas dos físicos modernos, e que nada envolvem de sobrenatural, estão soberbamente sintetizadas na declaração de Fritjof Capra:

"No nível subatômico, as inter-relações e interações entre as partes do todo são mais fundamentais do que as próprias partes. Há movimento, mas não existem, em última análise, objetos em movimento; há atividade, mas não existem atores; não há dançarinos, somente a dança".

Nome, desejo e destino

Penso, logo existo.
René Descartes

Sou onde não penso, e penso onde não sou.
Jacques Lacan

Na abordagem intersubjetiva proposta por Lacan, o complexo de Édipo consiste na descrição de uma estrutura e dos efeitos de representação que essa mesma estrutura produz nos que a integram, na qual o filho surge como um produto do discurso materno. A criança almeja ser o objeto do desejo da mãe; com esse fim, torna-se tudo aquilo que a mãe deseja. Seu desejo consiste no desejo de um Outro (que tem a mãe como protótipo) em um duplo sentido: de ser desejado pelo outro e de tomar para si o desejo do outro. A figura do filho se estrutura na inter-relação com a mãe. Esta figura determinante, a ele preexistente, molda-lhe o desejo, constrói suas necessidades, e traz-lhe a própria identidade. Desse modo, a criança que nasce vem ocupar um lugar prévio, concebido pela função-mãe. Sobre este lugar previamente reservado aos filhos, Monica H. Galano (1987) escreve de forma bastante clara e sucinta:

"As confirmações começam e se desenvolvem a partir do nascimento ou mesmo antes, quando os pais preparam a chegada do filho, criando um espaço objetivo e subjetivo em suas vidas, um lugar concreto, um nome, objetos e pertences, um afeto especializado, uma forma de querer estar com esse ser que virá. "O interjogo de confirmações dirigirá sutilmente a conduta da criança na primeira infância. Quando um pai diz: 'Você não parece meu filho', está estabelecendo que uma determinada ação não pode coexistir com a definição de filho de... e que a criança terá de 'escolher' entre esse comportamento e sua abstinência, como se escolhesse entre 'ser ou não ser' filho de..." (p.80).

Ao ministrar esta matéria na faculdade, costumo fazer um pequeno exercício com os alunos: dirigindo-me às mulheres que ainda não são mães, pergunto que nome dariam a seus futuros filhos. Mesmo sabendo que a função-mãe transcende o sexo biológico, minha preferência pelas mulheres como objeto da experiência se deve simplesmente à familiaridade que elas costumam ter com o assunto. Qual a mulher que um dia não pensou em que nome daria a um filho? Exceções, se é que existem, somente existirão na proporção necessária para confirmar a regra. Por outro lado, evito investigar sobre os nomes de filhos reais para não trazer à tona quaisquer questões mais íntimas das pessoas envolvidas, o que ultrapassaria os objetivos da nossa tarefa. Depois de saber o nome preferido, pergunto à pessoa escolhida se conhece alguém com aquele mesmo nome, e quais suas características: a resposta, invariavelmente, mostra as qualidades desejadas para esse filho hipotético. Se a voluntária argumentar que não conhece ninguém assim chamado, peço para imaginar como seria essa pessoa, obtendo resultado equivalente. De qualquer maneira, as pessoas pretendem para seus filhos qualidades que valorizam, principalmente as que lhes faltam. Este é o ponto: todo filho vem preencher uma lacuna narcísica, representada por uma Falta. A ilusão que acomete a mãe, portanto, será a de que virá a recuperar a plenitude narcísica através de um filho-falo.

Certa vez, uma aluna me disse que gostaria de ter uma filha chamada Alessandra. Indaguei se conhecia uma Alessandra, e como era ela, ao que me respondeu tratar-se de uma pessoa extremamente gentil e delicada, uma filha exemplar. Antes que eu pudesse fazer qualquer comentário, ela lembrou-se de repente de outra homônima de características totalmente opostas: uma garota antipática, rebelde e rancorosa. Não demandou muito esforço demonstrar que essas duas Alessandras representavam dois aspectos da própria pessoa investigada. De um lado, ela acreditava precisar ser mais afável e obediente, e de outro tinha uma vontade muito grande de se rebelar contra a vontade dos pais. As duas Alessandras, portanto, evidenciavam sua divisão interna quanto a que atitude deveria assumir em sua própria vida.

Uma variação não menos interessante consiste em perguntar por que as pessoas receberam seus nomes. Quando o indivíduo questionado sabe a origem da escolha do mesmo - por exemplo, um parente ou um artista de cinema -, através das qualidades de seu modelo ele pode chegar às mais íntimas fantasias maternas nutridas a seu respeito, podendo até mesmo chegar a um *insight* acerca de seu próprio destino. Um exemplo interessante é o da aluna que declarou o nome Carolina como o preferido para dar a uma filha. A razão para tal escolha a princípio parecia inusitada: simpatizava com esse nome porque poderia "cortá-lo", chamando a filha de Carol. Disse isso com uma estranha expressão de ternura nos olhos, misturada com uma enigmática comoção. Resolvi investigar a razão de seu próprio nome, este aliás muito incomum, de origem árabe. Respondeu-me que, quando nasceu, seus pais esperavam, depois de duas meninas, pela vinda de um menino, e ficaram extremamente decepcionados ao deparar com mais uma mulher. Assim, por sugestão de um parente, deram-lhe um nome cujo significado aludia a uma situação ruim que deveria prenunciar algo bom em seguida. A tradição em seu país de origem reza que se colocarem tal nome em uma filha, o próximo bebê será homem. Aliás, aparentemente a magia funcionou, pois o filho seguinte foi um menino. Esta pequena história trazia luz à escolha do nome da filha: o fato de ter nascido mulher encheu-a de pesar, pois decepcionara seus pais que esperavam um menino. Em contrapartida, desejava para si uma menina que não precisasse sentir-se frustrada por ser mulher, que não se importasse com o "corte" (símbolo da castração física), expressado na contração de seu nome.

Outra aluna, ao testemunhar porque se chamava Maria (nome fictício), disse que o pai desejara dar-lhe outro nome, Silvia (idem), que fora vetado pela mãe. A razão residia no fato de que o segundo nome era tema de uma canção de amor, que o pai costumava cantarolar de forma bastante ardorosa, provocando os ciúmes da esposa. Em contrapartida, esta sugeriu um nome de uma personagem de quadrinhos infantis. A mensagem ficou indelevelmente marcada na filha que, para constituir-se na queridinha do papai sem qualquer culpa, teve de assumir ares de eterna criança, como se pensasse: "Enquanto for uma criança, não ameaçarei tirar o papai da mamãe!" Sua atitude de menina travessa fazia com que aparentasse ter uma idade menor que a real, proporcionando-lhe certa dificuldade em se permitir assumir-se como adulta.

Da parte dos filhos, fica impossível não vir a concretizar o projeto materno, que se pode ser visto como uma verdadeira profecia acerca do destino dos mesmos. Interessante observar que, apesar de ser inevitável o cumprimento da profecia materna, nunca se poderá ter certeza acerca da dimensão em que essa profecia se realizará. Um desejo de que o filho venha a ser um companheiro inseparável da mãe, por exemplo, não necessariamente se realizará no plano mais positivo: assim, um filho esquizofrênico poderá preencher perfeitamente este quesito de uma forma caricata e inesperada. O desejo de que uma filha seja tão prestativa e leal quanto uma falecida tia que lhe empresta o nome, pode acarretar conjuntamente todas as mazelas do destino desta última: em outras palavras, a pessoa que herda o nome de um parente que a fantasia familiar deseja resgatar, herdará, igualmente, um destino consoante ao de seu antecessor.

Certa vez, entrevistei a família de um esquizofrênico cujos pais eram católicos muito fervorosos. Por ironia do destino, chamavam-se José e Maria, e procuravam por toda a vida espelhar-se na sagrada família. Investigando-se os projetos dos pais acerca da vinda daquela criança, ficou evidente seu desejo de que aquele filho fosse um retrato do próprio menino Jesus. O desejo realizou-se da forma mais triste, pois esse Jesus carregava em si todo o peso da loucura da família, do mesmo modo que seu homônimo teria carregado na cruz todos os pecados do mundo.

A maior contribuição de Lacan à teoria psicanalítica, provavelmente, foi a de introduzir uma descrição intersubjetiva da estrutura familiar, como uma organização caracterizada por lugares vagos que podem ser ocupados por pessoas distintas. O exemplo mais nítido consiste no da peça teatral, onde os atores simplesmente encarnam um personagem, e, ao assumir o papel, exercem as funções a este reservadas. Desse modo, quando nos referimos a Pai, Mãe e Filho no Édipo Estrutural, referimo-nos estritamente a funções e não a pessoas Físicas. Tanto que esses lugares podem alternar-se constantemente na estrutura: um pai enciumado dos filhos, por exemplo, está exercendo a função Filho em relação à própria esposa, assim como estará sendo Mãe quando tentar direcionar a profissão de seu rebento. A mãe biológica, por seu turno, estará sendo Pai quando impuser limites ou estimular o desenvolvimento pessoal do filho, e assim por diante. À função-mãe sempre caberá, de algum modo, intentar preencher as lacunas narcísicas da família.

A crença de que a identidade humana se restrinja aos contornos do seu eu físico baseia-se na filosofia positivista: essa forma de pensamento impregna até mesmo as concepções espirituais e religiosas, que não conseguem libertar-se do individualismo e egocentrismo que caracteriza a nossa cultura. As religiões cristãs tradicionais prometem a eternidade da alma (psiquê), ou seja, a perpetuação infinita de nossa personalidade individual. O espiritualismo kardecista, por seu turno, acredita numa sucessão de reencarnações de um ego admiravelmente consistente ao longo dos milênios. Chega a ser comovente tanto apego à individualidade, preservada pela fantasia até mesmo no além, cujos contornos, de acordo com os conhecimentos atuais, são difíceis de se detectar até mesmo no que diz respeito à nossa existência terrena.

Por seu turno, todas as religiões pré-cristãs apontavam a morte da psiquê, ou seja, a abolição da personalidade, como a primeira condição para se atingir a imortalidade. Se os antigos emprestavam alguma importância à alma humana, era à alma coletiva que o faziam; a noção de alma individual não possuía o menor significado para eles. Tanto que, se as antigas religiões professavam a ideia da reencarnação, era no sentido de que reencarnavam os *temas* humanos, e não propriamente os indivíduos. Aristóteles, ao descrever a tragédia, define-a como uma trama centralizada nas ações, e não nos personagens que as encenam. O mau entendimento dessa subjetividade propiciou a elaboração de religiões como a kardecista, que faz o coquetel mais indigesto que se possa imaginar entre as doutrinas de René Descartes, Charles Darwin e Augusto Comte. Esse "positivismo do além", ou "materialismo espiritual", certamente tem servido de linimento contra o verdadeiro pavor da morte nutrido pelo homem moderno, dado seu extremo individualismo e egocentrismo.

Creio que seria impossível discutir o conceito de individualidade professado pelos povos antigos sem nos referirmos à sua noção sobre a alma coletiva, a qual os gregos denominavam *guénos.* Essa palavra possui uma ampla tradução, significando simultaneamente *nascimento, tempo, lugar ou condição de nascimento; origem, descendência; raça, gênero, espécie; família, parentela; filho, rebento; povo, nação, tribo; sexo, geração, idade.* Porém, esse termo vai muito além, em seu significado, do que a pura e simples tradução poderia nos oferecer. *Guénos*, como origem, descendência ou família, refere-se a algo mais que um simples agrupamento de pessoas ligadas pela consanguinidade - não custa lembrar que a concepção de entidades isoladas é desconhecida no mundo antigo. Trata-se antes de mais nada de uma alma coletiva, ou de um "corpo místico", do qual cada indivíduo consiste em um membro. Assim como os membros de um corpo, apesar de uma relativa autonomia, são inseparáveis do todo e subordinados às ordens da "cabeça", cada elemento do *guénos* está subordinado a algo que hoje poderíamos chamar de inconsciente familiar. Portanto, os atos de cada um não consistiam em meros atos individuais, tanto quanto o destino individual constituía-se numa quota do destino coletivo. Essa quota, inclusive, estava subordinada aos atos dos antepassados, de maneira que o destino de cada um apoiava-se sobre a estrutura do *guénos*. O Rig-Veda expressa esta crença na oração: "Afasta de nós a falta paterna e também aquela que nós próprios cometemos".

Aqui se sustenta a estrutura da tragédia grega. O drama trágico consiste numa trama divina, cabendo ao homem encenar o papel a ele conferido por um Destino superior. Quanto a isso, Aristóteles é taxativo: "O elemento mais importante é a trama dos fatos, porque a tragédia não é a imitação dos homens, mas das ações de vida, felicidade ou infelicidade". Os hindus, por sua vez, chamavam a vida de *Lila*, a peça divina, onde cada um de nós cumpre um papel previamente determinado. Os romanos associavam nossa individualidade à *personna*, a máscara usada nas representações teatrais, de onde adveio a palavra *pessoa* ou *personalidade*.

Aparentemente, de todos os golpes desferidos na vaidade humana, desde Nicolau Copérnico a Sigmund Freud, de Galileu Galilei a Charles Darwin, este se constitui no mais vigoroso. A própria noção de identidade, tal qual a concebe o homem moderno, perde completamente seu sentido e sua razão de ser, e define as pessoas como figuras de características previamente constituídas por um lugar subjetivo e impessoal.

Em resumo, nós não nos constituímos em entidades isoladas ou autônomas. Ao invés de pensar, somos pensados, como advertiu Lacan, jogando por terra a romântica conclusão de Descartes, que equivale o ser ao pensar. Fazemos invariavelmente parte de um Todo, que poderemos situar tanto nos limites da família, da cultura, ou por extensão, a toda a humanidade e até mesmo ao planeta como um uma única entidade. Quando nascemos, viemos de modo a ocupar um lugar subjetivo, da mesma forma que os elétrons parecem ocupar órbitas predeterminadas, fora das quais fica impossível adquirir consistência. Existimos, sim, mas somente em espaços previamente cedidos para tal. Um filho que nasce sempre virá ocupar um espaço fornecido pela estrutura do *guénos*.

Sendo assim, vale repetir aquilo que temos afirmado em outros setores deste trabalho, onde privilegiamos o vínculo em detrimento do conceito de indivíduo no entendimento do fenômeno humano. Previamente a nossa existência objetiva, dependemos de um "lugar" para nos manifestar como indivíduos. Estaremos, desse modo, concretizando uma mera virtualidade. Portanto, aquilo que chamamos vínculo será a única coisa que terá um valor específico, importando antes as ações do que o sujeito que as pratica. Estas ideias nos trazem interessantes dividendos para a compreensão dos fenômenos grupais e sociais, como o entendimento de que qualquer ato de um indivíduo corresponderá, em última análise, a uma ação originada no próprio grupo como um todo. Desse modo, constitui-se o sujeito que o comete como um mero representante de um movimento coletivo [40]. Indo mais longe, pode-se afirmar que, na inter-relação entre duas ou mais partes, sejam estas partes constituídas por pessoas ou elétrons, a única coisa efetivamente "real" existente será a própria inter-relação, que terá a propriedade de configurar essas partes no próprio processo de interação. A constatação da Física de que não se pode observar um objeto sem modificá-lo leva-nos à ideia de que, numa interação entre dois indivíduos, estes últimos, mais do que simplesmente se inter-relacionando, estarão se construindo mutuamente. Relacionar-se é criar e ser criado pelo outro.

Trazendo estas ideias para o momento da gestação de um filho, temos que, mais do que gerando um novo corpo, estará a Mãe construindo esse filho como um todo, tanto Física quanto psiquicamente. Contudo, baseada em quê o constrói? Em "lugares de" previamente constituídos em seu ser, que são produtos do inconsciente familiar, ou, num plano mais abrangente, no inconsciente coletivo da cultura e da espécie. Todos os grupos humanos encerram "arquétipos" que precisam ser encenados mais cedo ou mais tarde por algum representante desse mesmo grupo. O indivíduo "eleito" para representar esse papel consistirá em nada mais nada menos do que na concretização como "partícula" de uma "função de onda" que será o drama da família ou da cultura da qual é oriundo. A ele, portanto, restarão dois caminhos: o da pura e simples reprodução do mito familiar, ou o da sua elaboração. A primeira possibilidade equivale à da repetição que Freud aponta como característica do fenômeno transferencial; a segunda, equivalerá ao "recordar" que produz a elaboração do conflito, permitindo ao sujeito libertar a si mesmo e ao próprio *guénos* da atuação repetitiva do drama familiar.

Lancemos mão de um exemplo. Uma determinada família, por razões que se perdem na história ancestral, estrutura-se sobre um arquétipo matriarcal. Em lugar dos antigos rituais noturnos, celebrados no coração das grandes florestas, onde o macho era sacrificado aos deuses por uma tribo de amazonas, teremos uma família típica moderna, onde a execução sumária do macho é substituída por procedimentos mais sutis [41]. Neste tipo de famílias, os homens tendem a ocupar um lugar submisso e desvalorizado, vindo a assumir diversas características pertinentes a esse lugar de passividade. Podem constituir-se por exemplo naqueles filhos irresponsáveis que jamais encontram uma atividade onde possam se valorizar, ou, ao contrário, naqueles maridos que trabalham desmesuradamente para melhorar as condições da família, mas cuja importância na dinâmica familiar e cujo papel psicológico serão mínimos. Estes últimos apresentam inclusive a tendência de morrer prematuramente, as mais das vezes de doenças cardíacas ou de acidentes vasculares.

As mulheres desta família tenderão a escolher, geração após geração, companheiros do mesmo tipo, a quem comandarão com a mesma atitude implacável de suas ancestrais [42]. Mulheres que nutrem um ódio, às vezes mais, às vezes menos consciente, da figura masculina, que se expressará numa indiferença ou numa hostilidade frente ao companheiro que pode ser tanto aberta quanto dissimulada. Uma hostilidade velada, ou pior, uma indiferença quase mortal em relação ao companheiro por parte dessas matronas, formam o caldo de cultura ideal para a produção de filhos esquizofrênicos.

Os esquizofrênicos constituem-se no protótipo mais bem acabado da vítima sacrifical, ou seja, do bode expiatório para as taras familiares. São os equivalentes das crianças sacrificadas a alguma divindade sanguinária, cuja cabeça é cortada num sentido simbólico, através da loucura. A mãe esquizógena traz dentro de si uma atitude refratária à função-pai, que se expressa por exemplo nesta recusa de entregar o filho à castração simbólica, que deveria ser efetuada pela função paterna. Em termos práticos, seu filho constituir-se-á no falo tão esperado do qual ela se recusa a abrir mão, na prova concreta da sua própria não-castração. Ato contínuo, ela defenderá ao máximo esse filho muito "amado" das vicissitudes do mundo, da Lei e da cultura. O pai biológico, por sua vez, dada as suas características prévias de passividade (por essa razão escolhido pela abelha-rainha) não tem condições de intervir no processo, tornando-se inadvertidamente num cúmplice daquela simbiose. Desse modo, para se fazer um trocadilho, "empurra-se com a barriga" a problemática ancestral.

Pensemos agora em uma jovem herdeira deste complexo familiar, que chegue ao consultório com uma simples queixa de que não consegue se realizar no amor. O fato desta mulher não se conformar com esse destino equipara-a aos heróis trágicos, que se rebelam contra o próprio destino. Esta moça, portanto, constituir-se-á num representante do lado saudável desta família, que anseia pelo amor verdadeiro, abrindo mão da manipulação e da execução sumária, ainda que meramente psicológica, dos machos. O drama desta moça residirá na ambiguidade de seu afeto dirigido ao homem: por um lado, exibirá uma notável carência afetiva, e por outro, uma hostilidade incontrolável, consciente ou inconsciente. Os homens que não tiverem a constituição psíquica apropriada complementária a esta problemática poderão pressenti-la como uma mulher um tanto amedrontadora, embora não saibam dizer o porquê.

A solução desta problemática deverá passar pela conscientização desta hostilidade por parte da paciente, acompanhada de uma compreensão do drama ancestral. A tragédia familiar é a grande Esfinge a ser decifrada por cada um de nós, de cujas garras somente poderemos nos libertar a partir da descoberta de nossa origem, ou seja, da percepção de quais as fantasias ancestrais que nos produziram. A esta altura, seria proveitoso voltar a discutir a questão do determinismo. No terceiro capítulo, já havíamos firmado nossa posição acerca do destino individual, com o paradoxo de que o homem é simultaneamente senhor e escravo de seu destino, dependendo do ângulo desde o qual nos disponhamos a observá-lo. Como a forma de pensamento atualmente em voga tende a considerar duas ideias diferentes sobre um mesmo fenômeno como mutuamente excludentes, não custa lembrar que o mesmo problema poderá se verificar aqui. As pessoas tendem a enxergar todas as coisas desde o binário "verdadeiro-falso", perspectiva que tem o dom de transformar o paradoxo em mera contradição. Equivale a dizer que, diante do problema do determinismo elas procurarão cerrar fileiras em duas posições opostas: *ou* tudo é determinado *ou* tudo será obra do acaso. Esta forma de pensamento chega a ser doentia, dada a extrema dificuldade que as pessoas, desde indivíduos comuns a eminentes cientistas, tem de libertar-se de suas amarras, seja na discussão dos temas mais corriqueiros, seja nos assuntos filosóficos ou científicos.

A solução indicada para o problema do determinismo, de acordo com a filosofia deste trabalho, consistirá igualmente num paradoxo. Na perspectiva de Descartes, Newton ou Laplace, todos os eventos do universo se encadeiam numa sucessão linear de causas e efeitos, o que nos leva a concluir que, para se saber o futuro, basta conhecer-se todas as variáveis do presente. Deus, como conhecedor de todas essas variáveis, conheceria portanto o futuro do universo e da humanidade. O pensamento religioso equivalente seria o calvinista, segundo o qual não há nada a fazer quanto à nossa salvação, pois esse destino já está previamente determinado por Deus.

De nossa parte, quando nos referimos aqui ao determinismo, seguramente não se tratará deste determinismo laplaciano, contra o qual podem-se apresentar muitas objeções. Em primeiro lugar, nada há que justifique pensar que os eventos estejam encadeados somente de forma linear, como uma sucessão de causas e efeitos. Ao contrário, o conceito de variável não-local estabelece conexões entre objetos e eventos que não tenham qualquer ligação aparente entre si. Ao contrário da proposta da mecânica clássica, a mecânica Quântica aponta para um universo constituído por uma gama de probabilidades, *que necessitam de um observador para se tornar concretas*. Equivale a dizer que o universo é determinado apenas no espectro de possibilidades que ele apresenta, ficando o "acaso" com a tarefa de fornecer alternativas e variadas interpretações para essas possibilidades. Trata-se simplesmente, como já havíamos sugerido no primeiro capítulo, de uma transposição do princípio da incerteza para o plano macrocósmico, o que transformaria todo o universo em um gigantesco gato de Schrödinger. Basta lembrar que, na experiência com os elétrons e as fendas, as coisas ocorrem como se os elétrons esperassem seu observador se definir quanto à natureza que eles deveriam assumir, de onda ou partícula. Em última análise, parece que nem uma nem outra coisa realmente acontece: os elétrons seriam simultânea e efetivamente as duas coisas, cabendo ao experimentador decidir por qual entre dois planos de realidade, ambos igualmente legítimos, ele deseja adentrar.

Para ilustrar, transportemos a discussão para um tema bastante polêmico e atual como a questão do evolucionismo, e obteremos uma série de propostas interessantes. A evolução da vida não se daria por acaso, como reza a atual cartilha, mas segundo certos padrões predeterminados que envolvem mesmo uma estreita relação mútua entre as diversas espécies. O surgimento e evolução de cada espécie viva estarão condicionados às outras espécies, como se todas elas "soubessem" umas das outras, o que torna possível o complexo arranjo do ecossistema, e seus mecanismos auto-reguladores. A noção da evolução como um processo particular a cada espécie consiste numa simples projeção de nosso individualismo no âmbito da natureza. Dizendo em palavras simples, o lobo pressupõe a ovelha, e esta o lobo, como dois atores sabem com qual personagem hão de contracenar em cada ato da peça contratada. Todas as ações da natureza se realizam como uma gigantesca peça teatral, onde os seres vivos atuam conjuntamente para expressar um drama cósmico. Nisto consistirá o instinto: neste "saber" qual o próprio papel, e o dos outros, não pela soma da experiência, como acreditam os sacerdotes de Descartes, mas pela noção prévia de sua função tanto quanto um ator o sabe antes de adentrar o palco. Para se expressar de uma forma poética, diríamos que um bando de ovelhas, quando pressente a presença do lobo, "sabe" que seu papel é correr, até que o predador apanhe seu tributo. Por mais estranho que isso tudo possa parecer, não será mais do que pensar que partículas subatômicas possam saber umas das outras, como se tem verificado nos modernos experimentos.

No que concerne à problemática humana, qual o papel do acaso na determinação do destino, e como ficará o livre arbítrio? Com base nas propostas assumidas até aqui, chega-se à conclusão que a única coisa efetivamente "real" no universo é um devir, uma virtualidade, um misterioso "pode ser". Para esse devir concretizar-se num objeto ou num fenômeno, *necessitará de um observador para se constituir como tal*. Alguém poderá perguntar então se todo o universo que nos cerca depende de que olhemos para ele para se concretizar. Mais do que isso: o universo tal qual o observamos resulta simplesmente numa "forma de ver", ou seja, apesar (ou por causa) das aparências, ele não existe realmente, e sim consiste numa interpretação que dele fazemos. Não se trata de, como têm entendido alguns, que as coisas passem a existir somente a partir do nosso olhar, ou que o universo adquira a forma na qual acreditamos. Essa "realidade prévia" de que falamos delimita as possibilidades pelas quais poderemos concretizar o mundo com a nossa visualização. Nossa percepção, no entanto, sempre abarcará uma parcela dessa realidade, mais ou menos como somente podemos captar uma faixa no espectro das cores e dos sons.

Este é o ponto crucial da questão: em uma discussão sobre o destino, segundo esta concepção, não há sentido em se opor acaso e livre-arbítrio se a concretização dos eventos e dos objetos são apenas interpretações de uma realidade subjetiva *absolutamente indiferente ao resultado obtido*. Em outras palavras, vale dizer que esta discussão que tem dividido o mundo científico entre deterministas e não-deterministas compara-se à notória discussão da Igreja sobre o sexo dos anjos. De todas as ilusões humanas, nenhuma parece consumir mais nossa energia do que a incapacidade de se lidar com o paradoxo: desde a tacanha perspectiva cartesiana, o paradoxo não passa de uma contradição a ser resolvida.

A própria noção de acaso, a esta altura, já faz por merecer uma revisão. Desde a última década, os físicos, os astrônomos e os biólogos, têm desenvolvido um novo enfoque da complexidade da natureza, conhecido como a ciência do Caos. Esta nova ciência mostra uma ordem e um padrão definido onde antes só se via aleatoriedade e imprevisibilidade, presente em todos os tipos de fenômenos, desde o ritmo dos pingos de uma torneira até a formação das nuvens e dos sistemas de tempestades, passando pelas oscilações das Bolsas de Valores ou da incorrência das grandes epidemias. Estas constatações lembram-nos a antiga filosofia oriental, que apontava no cerne do caos uma ordem subjacente - e vice-versa - através da qual era criado o universo. Hoje em dia, os cientistas são levados a conclusões equivalentes, como se pode verificar nas palavras de Douglas Hofstadter: "ocorre que um tipo fantástico de caos pode estar escondido bem atrás de uma fachada de ordem - e ainda assim, nas profundezas do caos está oculto um tipo de ordem ainda mais fantástico".

O apego de alguns pensadores à manutenção do azar - no sentido clássico da palavra - como determinante em todas as classes de fenômenos baseia-se na necessidade emocional de se reservar uma quota de suposto livre-arbítrio, sem a qual se poderia ficar em pânico, deixando de se ver um sentido na própria vida e nas próprias ações. Porém, fazendo-se valer as ideias aqui apresentadas, pode-se verificar que mesmo a oposição entre acaso e determinismo perde seu sentido e sua razão de ser quando penetramos mais profundamente em seu espírito.

Para complementar, voltemos ao exemplo da moça em luta com o arquétipo familiar, citado há pouco. Sua família traz em seu cerne uma "onda de probabilidades" referente à relação entre os dois sexos, que resulta em toda a problemática já mencionada. Na forma em que a moça concretizará essa virtualidade, essa "função de onda" em que consiste o complexo familiar é que residirá seu livre-arbítrio, o que lhe dá um leque de possibilidades de atuação tão infinitos quanto serão os arranjos disponíveis a um maestro diante de uma peça musical. No entanto, seu livre-arbítrio se limita à capacidade de uma leitura repetitiva ou elaborativa da problemática, sem que com isso se venha a escapar do tema central, ou seja, do "mito familiar". Mais uma vez estamos nos referindo ao repetir em oposição ao recordar, verificado nos fenômenos transferenciais. Seria uma espécie de equivalente macrocósmico da escolha feita no experimento das fendas, onde o experimentador decide qual a natureza do mundo por ele observado. De qualquer forma, o homem já tem sobrevivido a muitos golpes em seu narcisismo, e talvez um dia possa suportar mais este. Deve ter sido muito doloroso descobrir que a Terra não era o centro do universo, e não será menos descobrir que nem só o planeta, mas nós mesmos e nossa própria história, consistem apenas em uma "forma de ver", uma interpretação arbitrária e ocasional de um universo absolutamente virtual e impalpável, em sua essência totalmente indiferente às nossas aflições e idiossincrasias.

De observador a participante: Freud e a alma humana.

Devemos ter presente que o ato de observar algo é uma ação sobre esse algo, pelo que nós, os observadores, fazemos efetivamente parte da experiência: não existe nenhum mecanismo cujo funcionamento seja indiferente à nossa presença.

John Gribbin

A influência pessoal é a nossa mais poderosa arma dinâmica. É o novo elemento que introduzimos na situação e por meio da qual a tornamos fluida.

Sigmund Freud

A imaginação é mais importante que o conhecimento.

Albert Einstein

Na Faculdade de Psicologia, há ocasiões em que peço para os alunos de Teorias e Técnicas Psicoterápicas encenarem uma entrevista entre psicólogo e paciente, experiência que costuma ser bastante instrutiva, tanto para aqueles que participam da dramatização, quanto para os que ficam simplesmente observando. Através deste exercício, pude constatar uma característica praticamente universal dos estudantes, comprovada ano após ano, que nunca deixa de me intrigar. Quando termina a dramatização, pergunto-lhes o que sentiram, invariavelmente obtendo respostas do tipo: "Eu acho que...", "Penso que...", ou seja, comentários absolutamente racionais sobre a cena que acabaram de presenciar. Isto por si só já poderia parecer espantoso, quanto mais se torna pelo fato de que eu preciso insistir na pergunta por várias vezes, até que comecem a despontar testemunhos que realmente se refiram a seus sentimentos.

A experiência acima descrita serve para que possamos imaginar o quanto a vida acadêmica pode, após muitos anos de condicionamento mental, levar os estudantes a se despir quase completamente da própria sensibilidade, acabando recobertos de uma atitude supostamente racional. Digo supostamente porque como não só a sensibilidade, mas também a criatividade e a imaginação ficam vedados aos alunos em geral, que se tornam meros repetidores daquilo que leem e ouvem. Por isso mesmo, é muito difícil também convencê-los a soltar a imaginação, prática que não conseguem efetuar sem culpa ou medo de errar. Se estas características podem ser consideradas negativas até mesmo no caso de estudantes das chamadas ciências exatas, quanto mais quando se trata de futuros médicos ou psicólogos, que, por virtude da própria profissão, deverão lidar com as vicissitudes da alma humana. Ao refletir sobre estas coisas, ecoam dentro de mim as palavras de Bruno Bettelheim:

"Quase invariavelmente, descobri que os conceitos psicanalíticos tinham-se tornado para esses alunos um modo de examinar e julgar exclusivamente os outros, desde uma certa e prudente distância - nada que se relacionasse com eles mesmos. Eles observavam as outras pessoas através dos óculos da abstração, tentavam compreendê-las por meio de conceitos intelectuais, jamais desviando o olhar para dentro de si próprios, para sua própria alma ou seu próprio inconsciente... Tal como esses estudantes a viam, a Psicanálise era um sistema puramente intelectual - um engenhoso e excitante jogo - e não a aquisição de *insights* sobre o próprio eu e o seu próprio comportamento, os quais eram potencial e profundamente perturbadores. Era sempre o inconsciente de outrem que eles analisavam, quase nunca o próprio. Não prestavam suficiente atenção ao fato de que Freud, para criar a Psicanálise e compreender o funcionamento do inconsciente, tivera de analisar seus próprios sonhos, entender seus próprios atos falhos e as razões por que ele esquecia coisas ou cometera vários outros lapsos ou enganos" [43].

Parece que o mencionado problema consiste numa verdadeira doença dos tempos modernos. As pessoas demonstram um apego às funções intelectuais em detrimento de capacidades "menos objetivas" tais como a sensibilidade, a intuição, ou o simples bom-senso. Desse modo, quando um aluno de Psicologia se depara pela primeira vez com um paciente na clínica da faculdade, tenta enxergá-lo através das páginas da escassa teoria que tiveram. Como consequência, o primeiro sentimento com o qual tomam contato ao atender é o do uma extrema sensação de impotência. Às vezes, quando alguém manifesta preocupação com o fato, costumo retrucar que consiste num indício positivo sentir-se dessa forma, pois o principiante que se sentir totalmente seguro em tal situação deverá questionar seriamente sua capacidade de levar a cabo uma tarefa tão difícil quanto a de psicanalisar.

Uma das coisas mais preciosas que a experiência clínica me ensinou foi o quanto podemos distanciar-nos da verdade do paciente simplesmente pelo fato de desejarmos dela nos apossar. Através da prática, eu pude compreender o verdadeiro significado da "ausência de desejo", preconizada por Bion, e da "atenção flutuante" recomendada por Freud, que podem significar pouco mais do que simples palavras para alguém que não tenha vivido essa experiência. Às vezes me pergunto se o mencionado analista chegou a conhecer um dia o conceito chinês de "ação sem desejo", o *wu-wei*. Este lhe proporcionaria a descoberta de que despir-se do desejo não se aplica somente à prática psicanalítica, mas a todas as áreas da nossa vida. Descobri que, afinal, de algum modo, nós sempre "sabemos" o que ocorre com o outro que conosco interage, embora poucas vezes tenhamos consciência disso. Em outras palavras, sabemos, mas não sabemos que sabemos!

Recordando a discussão sobre telepatia efetuada no capítulo anterior, poderemos afirmar ser impossível que não detenhamos dentro de nós os sentimentos e pensamentos equivalentes aos que o outro que conosco interage detém. Só existe uma maneira de evitar isso, que é reprimindo esse conteúdo! Em outras palavras, para termos uma clara noção do que se passa na alma de alguém com quem nos relacionamos, basta não atrapalhar nossa percepção com nossas defesas racionalizantes. Mesmo os telepatas, a quem se costuma atribuir dons sobrenaturais, nada mais são que pessoas capazes de promover o silêncio interior. Nas supervisões, costumo dizer aos supervisandos que o maior erro que um terapeuta pode cometer é o tentar compreender a mensagem do paciente levando-a diretamente "à cabeça": o processo correto consiste em deixar a mensagem passar primeiramente "pelo coração" (como sede da sensibilidade), para depois decodificá-la através da função racional. Em outras palavras, deve-se privilegiar a percepção daquilo que se sente, em detrimento daquilo que se pensa.

Esta posição poderá parecer a princípio um tanto romântica, mas, como veremos em breve, nenhuma outra postura constitui-se mais difícil e dramática para qualquer um que se proponha a analisar. Diria que, pelo contrário, nada mais prosaico e ingênuo do que acreditar que podemos nos esconder atrás de um diploma, de uma cadeira com espaldar mais alto, ou da bênção soteriológica de uma análise didática para nos sentirmos além do alcance de um outro que venha a nós com a sua dor e a sua esperança. Nem mesmo o criador da Psicanálise ousou colocar-se em semelhante lugar, como bem lembra Bettelheim:

"Em sua vida e obra, Freud respeitou verdadeiramente a advertência inscrita no templo de Apolo em Delfos: 'Conhece-te a ti mesmo' - e quis ajudar-nos a fazer o mesmo. Mas conhecer-se a si mesmo, de forma profunda, pode ser uma experiência extremamente perturbadora. Subentende a obrigação de mudar - uma tarefa árdua e dolorosa. Muitas das concepções errôneas em curso hoje em dia sobre Freud e a Psicanálise provieram do medo do autoconhecimento - da opinião confortável, favorecida pela linguagem emocionalmente distanciadora das traduções, de que a Psicanálise é um método para analisar aspectos selecionados do comportamento de outras pessoas. Os *insights* de Freud ameaçam a nossa imagem narcisista de nós próprios. Quão irônico que a obra de um homem que se bateu denodadamente pela autocompreensão tenha levado a tantas e tão errôneas concepções defensivas acerca da Psicanálise!" (p.29).

Não se podem negar os nobres esforços que o *status quo* psicanalítico dispendeu para apartar a Psicanálise, tal como fora concebida por seu próprio criador, de qualquer traço de simplicidade ou humanidade. No decorrer do anos, a postura excessivamente acadêmica dos psicanalistas, apoiada por traduções distorcidas e tendenciosas da obra freudiana, foi enrijecendo e esterilizando uma filosofia que visava antes de mais nada aproximar o homem de si mesmo, através da sensibilidade e da autopercepção. Ainda Bethelheim:

"...a tradução errônea ou inadequada de muitos dos mais importantes conceitos da Psicanálise, faz com que os apelos diretos e sempre profundamente pessoais de Freud à nossa humanidade comum se apresentem aos leitores de inglês como enunciados abstratos, despersonalizados, altamente teóricos, eruditos e mecanizados - em suma, 'científicos' - sobre o estranho e muito complexo funcionamento de nossa mente. Em vez de instilar um profundo sentimento pelo que existe de mais humano em todos nós, as traduções tentam induzir o leitor a desenvolver uma atitude 'científica' em relação ao homem e suas ações, uma compreensão 'científica' do inconsciente e de como este condiciona grande parte de nosso comportamento" (p.17).

Em uma obra intitulada *Algumas Lições Elementares de Psicanálise*, uma primeira versão de *Um Esboço de Psicanálise*, Freud declara: "A Psicanálise é uma parte da Psicologia que se dedica à ciência da alma" (*Die psychoanalyse ist ein stück der seelenkunde der psychologie*). Para Freud, portanto, a Psicanálise é uma divisão especial da Psicologia, que, como o nome indica, consiste na ciência que estuda a alma. Na Standard Edition, da qual se fez a tradução brasileira, no entanto, essa mesma frase diz o seguinte: "A Psicanálise é uma parte da ciência mental da Psicologia" (p. 91). Apesar da clareza da posição de Freud ao vincular a Psicanálise à Psicologia, de forma nenhuma pretendendo subordiná-la à medicina, a classe médica jamais desistiu de tentar apropriar-se do direito exclusivo de exercê-la. Para fazer objeção a essa ideia, nada melhor que o testemunho do próprio Freud:

"Após 41 anos de atividades médicas, o meu autoconhecimento diz-me que não fui um médico na verdadeira acepção da palavra. Tornei-me médico ao ser compelido a desviar-me de minha intenção original; e o triunfo de minha vida reside em ter encontrado, após um grande desvio, o caminho de volta ao meu rumo original" [44].

"A Psicanálise não é uma especialidade médica. Não vejo como se possa resistir a reconhecer isso. A Psicanálise é uma parte da Psicologia. Não é Psicologia médica na acepção tradicional, nem a Psicologia de processos patológicos. É Psicologia propriamente dita; por certo, não a totalidade da Psicologia, mas o seu substrato, possivelmente o seu próprio alicerce" [45].

"Não sei se você se apercebeu do vínculo oculto entre *'Análise Leiga'* e *'O Futuro de Uma Ilusão'*. No primeiro livro, quero proteger a Psicanálise dos médicos e, no segundo, dos padres. Quero confiá-la a uma profissão que ainda não existe, uma profissão de pastores seculares de almas, que não têm por que ser médicos e não devem ser sacerdotes".[46]

Um dos preconceitos mais arraigados no meio psicanalítico, o da isenção e da abordagem objetiva, tem como um de seus pontos de apoio algumas recomendações de Freud no sentido de que o analista se proteja dos efeitos da contratransferência. Contudo, certos psicanalistas vieram a tornar-se mais católicos do que o Papa, ao assumir uma postura muito mais defendida do que jamais imaginara Freud. Como diz oportunamente Racker:

"Uma passividade exagerada do analista tem certa semelhança com a da mulher frígida, que não responde, que não se une realmente. Em tal caso, cumprimos com as 'obrigações' do contrato matrimonial-analítico, mas sem sentir psicologicamente, sem responder, nem gozar. (...) O conselho de Freud de que o analista deve ser somente 'espelho' foi também, creio, levado a extremos, algumas vezes. Freud dá este conselho em oposição ao costume de alguns analistas daquela época de contar fatos de sua própria vida aos pacientes. 'Seja espelho', significa pois: fale ao paciente somente dele. Mas não significava: 'deixe de ser de carne e osso e converta-se em vidro, coberto de nitrato de prata'. A intenção positiva de não mostrar mais do que o imprescindível de cada pessoa - indicada especialmente pela análise da transferência - não tem que ser levada tão longe a ponto de se negar ao paciente (ou até impedir) o interesse e o afeto do analista por ele. Pois somente Eros pode originar Eros" (p.33/4).

Mais adiante:

"Em seus anais clínicos sobre 'Dora' e 'O Homem dos Ratos' encontramos algumas sessões, reproduzidas quase literalmente e que nos permitem ver como trabalhava. Mostram, antes de tudo, com quanta liberdade Freud desdobrava sua personalidade genial no trabalho com o paciente e quão ativamente participava em cada acontecimento da sessão, dando plena expressão do seu interesse. Faz perguntas, ilustra suas afirmações citando Shakespeare, faz comparações e até realiza uma experiência (com Dora). Porém o que mais nos interessa aqui é que Freud *interpreta constantemente*, faz interpretações *detalhadas* e, às vezes, extensas (fala mais ou menos tanto quanto o paciente), e a sessão é um franco diálogo. Quem relacionar o conceito de 'técnica clássica' com predomínio do monólogo por parte do paciente e com poucas e breves interpretações, por parte do analista, concluirá - como já disse - que, neste aspecto, Freud não era um analista 'clássico" (p.37).

A crença na isenção asséptica e na atitude fria e distante que alguns insistem em atribuir como ideal para os analistas lembra algumas superstições religiosas. Um beato que leia em Mateus 18,7: "Se a tua mão ou o teu pé te escandalizar, corta-o, e atira para longe de ti", poderá entender que, se pecar com alguma parte do corpo, deverá amputá-la com uma foice. Algumas pessoas tendem a compreender as normas e regras literalmente, desde sua aparência concreta, devido a sua dificuldade de abstração. Assim, diante da sugestão para estabelecer limites, erguem uma barreira; para se manter isentos, tornam-se inalcançáveis; diante da recomendação de não desejar, acabam frígidos; e, perante o conselho de que deixem o paciente dirigir a conversa, tornam-se mudos e inertes como uma rocha. Quanto a isso, não há muito que fazer, senão entender que, não somente no meio psicanalítico, mas em todas as áreas do conhecimento humano, mais cedo ou mais tarde surgem beatos com seus catecismos, apegados a regras menores completamente distanciadas da fé original. Por outro lado, não deixa de ser irônico o fato de que o criador da Psicanálise, em quem a ortodoxia psicanalítica inspira sua atitude de esterilidade frente ao paciente, numa carta endereçada a Carl Jung tenha dito algo como "A Psicanálise é, em essência, um exercício da cura pelo amor".

De fato, a isenção do analista constitui-se num elemento obrigatório para o êxito do processo analítico. Entretanto, ela não advém da atitude de se manter frio e distante do paciente, e sim na busca constante do lugar do não-desejo. Aqui sim, temos que ser severos e intransigentes no cumprimento de nosso papel: severos no questionamento de nossas palavras e atos, intransigentes com nossos desejos, nossa vaidade e amor-próprio, e não com o outro que veio a nós à procura de ajuda.

Talvez um dia a ciência venha a desfazer os danos causados por ela própria a esta filosofia sutil e introspectiva que é a Psicanálise. A rigidez pseudocientífica tem como único dom tornar o mundo menos belo e muito menos interessante. Como oportunamente assinala John Gribbin, talvez inspirado pelos ortodoxos infiltrados na Física, "entre outros aspectos, a mecânica Quântica explica-nos porque brilha o sol, enquanto a mecânica clássica afirma que ele não pode brilhar". Se conseguirmos resgatar para as gerações futuras toda a vivacidade, espontaneidade e o calor do verdadeiro espírito científico, este se constituirá no maior legado que a elas poderemos deixar. No caso específico da Psicanálise, que uma relação leve e afetuosa possa surgir naturalmente entre analista e analisando, sem que para isso tenhamos que nos atormentar com uma culpa injustificada, atribuindo a nós mesmos a pecha de hereges ou anticientíficos. Que nos inspiremos na figura do sensível e afetuoso Sigmund Freud, ou na do imortal William Shakespeare, um de seus poetas prediletos, cujo verso nos traz uma inspiração:

"Mas quem não sabe que a consciência nasce do amor?"

NOTAS

_____

[1] A fórmula é pq - qp = h/i (onde *p* representa a posição, *q* a quantidade de movimento, *h* a constante de Planck e *i* é a raiz quadrada de -1).

[2] *O Ponto de Mutação*, Ed.Cultrix, p.74.

[3] *The Physicist's Conception of Nature*, p.244.

[4] *The Quantum Theory and Reality*, Scientific American, 1979, p.158.

[5] *Big Bang* (A Grande Explosão) é o termo convencionado pelos cientistas para denominar a explosão que supostamente aconteceu no início do universo conhecido.

[6] *À Procura do Gato de Schrödinger* - Editorial Presença, p.158.

[7] *O Ponto de Mutação*, p.81.

[8] *Caos*, Editora Campus, 1990.

[9] Freud, 1921, p.178s.

[10] *Teoria Psicanalítica das Neuroses* - Livraria Atheneu.

[11] *Ibidem*, p.454.

[12] *Ibidem*, p.60.

[13] *Ibidem*, p.261.

[14] *Ibidem*, p.460.

[15] Psiquiatra, psicoterapeuta e psicólogo social, Hernan Kesselman é membro fundador do grupo Plataforma Internacional, dissidente da Associação Psicanalítica Internacional. Formado na escola de Pichón-Riviere, escreveu as obras *As Psicoterapias Breves* (Fundamentos) e *Cenas Temidas*, além do texto *Psicopatologia Vincular*, que empresta seu nome a este item, publicado na revista *Clínica Analítica Grupal*, Buenos Aires, 1977.

[16] Ibidem, p.221/2.

[17] A forma mais primitiva de relação objetal, a autoerótica, relaciona-se por sua vez à estrutura confusional (epileptoide).

[18] *O Ponto de Mutação*, p.82 (o grifo na última frase é meu).

[19] Pode-se verificar um equivalente desta noção na teoria lacaniana no esquema L, que dispõe o circuito da palavra a partir do Grande Outro. O sujeito S não está na origem mas no percurso da cadeia significante, que percorre um eixo simbólico A-S, e um eixo imaginário entre o eu e a imagem do outro. O inconsciente, como "discurso do Outro", atravessa o filtro imaginário *a-a'* antes de chegar ao sujeito.

[20] No início do seculo XX, o cientista austríaco Paul Kammerer publicou um livro com o título *Das Gesetz der Serie* (A Lei da Série), no qual reuniu cerca de cem anedotas de coincidências que o levaram a formular sua teoria da serialidade. Kammerer postulou que todos os eventos estão conectados por ondas de serialidade: forças desconhecidas causariam o que é percebido como apenas os picos, ou agrupamentos de coincidências. Albert Einstein chamou a idéia de serialidade de "interessante, e de modo algum absurda", enquanto Carl Jung

baseou-se no trabalho de Kammerer em seu ensaio *Sincronicidade.*

[21] Fenômeno equivalente na astronomia é descrito na conhecida Lei de Bode, que leva o nome do astrônomo que demonstrou que os planetas de nosso sistema solar somente se instalam em órbitas predeterminadas por uma equação matemática.

[22] *Introdução ao Estudo das Perversões* - Ed. Artes Médicas, p.11.

[23] *Édipo Claudicante* - Edicon, 1987.

[24] Dizemos que se centraliza no filho, supondo este como objeto de análise. De um ponto de vista global, a trama não se centraliza em nenhum personagem concreto, sendo determinada pela posição do Falo.

[25] *Op. Cit.,* p.15.

[26] *O Ponto de Mutação,* p.75.

[27] No trabalho intitulado *A Disposição à Neurose Obsessiva - Uma Contribuição ao Problema da Escolha na Neurose,* Freud assinala que os motivos para determinar-se a escolha da neurose têm o caráter de disposições ou propensões *e são independentes das experiências patogênicas.*

[28] Em Lacan temos um equivalente no conceito de *après-coup.* Toda vivência transferencial é uma releitura de uma cena primitiva.

[29] *O Ponto de Mutação,* p.81.

[30] Nesta complexa experiência, concebida por Wheeler, as duas fendas são combinadas com uma lente que enfoca a luz que atravessa o sistema, tendo como alvo outra lente que provoca a divergência dos fótons. Um fóton proveniente da fenda esquerda é defletido pela segunda lente e vai incidir no lado esquerdo do alvo, enquanto que o fóton oriundo da fenda direita incidirá no lado direito do alvo. Desse modo, pode-se saber de qual fenda provém o fóton, não havendo uma sobreposição de estados. Numa variante da experiência, cobre-se a superfície da segunda lente com um filme fotográfico, cortado em tiras e assentado num suporte lateral, para que funcione como uma gelosia regulável. As tiras podem ser dispostas horizontalmente, formando um alvo que impedirá os fótons de atravessar a lente, ou verticalmente, onde não interferirão na trajetória dos mesmos. Com as tiras fechadas repete-se o experimento original das duas fendas. Não se sabe qual a fenda atravessada pelo fóton, obtendo-se uma figura de interferência como se cada fóton passasse ao mesmo tempo pelas duas aberturas. Assim, podemos decidir se o fóton passou por uma ou por ambas as fendas já depois dele ter atravessado o sistema. Nesta experiência de escolha retardada a ação presente determina o que podemos afirmar sobre o passado (v. *À Procura do Gato de Schrodinger,* pp.146/7, conforme p.120).

[31] Sobre o "olhar pela janela" como símbolo da visão da cena temida, ver o caso de Freud conhecido como o do Homem dos Lobos.

[32] *O Ponto de Mutação,* p.74/5.

[33] As relações simétricas são aquelas que se caracterizam por atuações iguais e antagônicas por parte de ambos: por exemplo, uma pessoa altamente

competitiva, que se relaciona com outra detentora das mesmas características. As relações complementares são aquelas em que as pessoas atuam papéis que se complementam entre si: por exemplo, o sádico que se liga a um masoquista. No âmbito da Física, equivaleria respectivamente à força de atração gravitacional e à eletromagnética.

[34] Mesmo quando a intenção não é atacar diretamente o sintoma, como no caso de se combater um vírus ou uma bactéria, a filosofia é a mesma. Primeiro, porque não se foge da causalidade (ao se acreditar que um microrganismo cause a doença); em segundo, porque não se busca obter um *insight* do significado da doença para o paciente. No caso das infecções, o centro da questão não está no agente da infecção, mas na suscetibilidade do sujeito a esse mesmo agente.

[35] Wheeler visualizou todas as partículas do universo em interação, formando uma complexa linha-quebrada no espaço-tempo, ideia que também aparece no trabalho de Feynman, que fala de "um único elétron em vaivém constante no tear do tempo, tecendo uma rica tapeçaria que possivelmente contém todos os elétrons e pósitrons do Universo". Dentro desta concepção, como assinala Gribbin, todos os elétrons do universo constituem um segmento de uma linha de universo única, a que corresponde um único elétron "real". Aqui, fica sem sentido falar-se até mesmo em partículas "diferentes", uma vez que tudo o que compõe o universo resulta numa estranha unidade.

[36] Publicado no Brasil pela Editora Artes Médicas.

[37] pp.123/5.

[38] *The Physicist's Conception of Nature*, p.244.

[39] *The Quantum Theory and Reality*, Scientific American, 1979, p.158.

[40] Este tema já é conhecido na Psicologia, e desenvolvido por exemplo pela Teoria da Comunicação.

[41] Naturalmente, estabelecemos uma conexão estritamente simbólica, não querendo dizer que tais famílias terão algum dia em sua história efetuado concretamente estes rituais.

[42] Esta é somente uma forma simples de dizer: em última instância não existem comandantes nem comandados nos complexos arranjos interpessoais.

[43] *Freud e a Alma Humana* - Ed.Cultrix., p.19.

[44] *A Questão da Análise Leiga* (1926).

[45] *Pós-escrito para A Questão da Análise Leiga (1927)*.

[46] Carta a Oscar Pfister, 1928.

www.ingramcontent.com/pod-product-compliance
Lightning Source LLC
Chambersburg PA
CBHW060409290526
45791CB00002B/666